KOMMA
BEI DEN OPPA

KOMMA
BEI DEN OPPA
SPRACHE
DES POTTS

Rolf Kiesendahl

Ellert & Richter Verlag

Vorwort

6

**Graf Koks vonne Gasanstalt
und der Mond von Wanne-Eickel**

8

Von Adolf Tegtmeier bis Herbert Knebel

18

Gib mich die Kirsche

24

**Die wichtigsten Ruhrgebietswörter und -begriffe
von A bis Z**

30

Grammatik des Ruhrgebiets

136

„Anne Bude anne Ecke"

142

**„Ob ich verroste oder verkalke, ich geh immer noch
auf Schalke"**

146

Bildnachweis / Impressum

160

Vorwort

„Wat? Noch'n Buch über dat wat wirr so sagen! Muss
dat denn sein?", mag sich der Ruhrgebietsmensch beim
Anblick dieses epochalen Werkes fragen. „Dat muss. Nu
lass ma stecken" antworten wir, „denn is ja heute ganz
wat anders als wie früher."
Erinnern wir uns: Bei der Rückreise vom Nordsee-Urlaub
konnte man spätestens am Kamener Kreuz das Ruhrgebiet riechen. Die Seilscheiben der Fördertürme drehten
sich unablässig, beim Hochofen-Abstich glühte der
Nachthimmel. Und dass die Wäsche schon auf der Leine
wieder pottschwarz wurde, war harte Realität. All dies
trug zum trüben Image der Region zwischen Duisburg
und Dortmund bei. Hier wird gut verdient, aber schlecht
gelebt – so lautete das weitverbreitete Vorurteil.
Vieles hat sich geändert. Auf Prosper Haniel in Bottrop
war im Dezember 2018 Schicht im Schacht, es endete die
mehr als 150-jährige Tradition der Steinkohlenförderung
in Deutschland.
Schon in den Jahrzehnten vorher gab es nur noch wenige
aktive Zechen. An den meisten Stahlstandorten gingen im
Laufe der Zeit die Öfen aus. Dafür gewannen Bereiche
wie Maschinenbau, Medizin, Logistik und Dienstleistungen stark an Bedeutung. Eine dichte Hochschul- und For-
schungslandschaft entstand. Zwar ist das Ruhrgebiet

immer noch kein Luftkurort, doch in manchen deutschen Großstädten ist die Luft deutlich schlechter.

Natürlich änderte sich auch die Zusammensetzung der Bevölkerung. Immer mehr „Ruhris" haben ausländische Wurzeln, was sich zwangsläufig auf die Sprache auswirkt. Gibt es sie also noch, die Sprache des Ruhrgebiets? Wo doch in den „Kollenien" der Pütt als gemeinsames Band fehlt, wo Kumpel von damals heute Touristen durch Anschauungsbergwerke führen. Und wo viele der berühmten Eckkneipen mit dem Solei-Glas auf der Theke zu griechischen oder türkischen Restaurants mutierten. Köfte statt Kotelett.

Doch, diese Sprache gibt es weiterhin. Beim Bäcker, an der Ladenkasse, im Stadion, bei Geburtstagsfeiern oder einfach auf der Straße hört man sie. Mit Witz und Humor, selbstironisch und ehrlich kommt sie daher. Hier sagt man immer noch gleich, watt Sache is, begegnet Fremden offen, rau und herzlich.

Datt Buch willse helfen, manche Wörter und Sätze besser zu verstehen, die sich nicht auf Anhieb erschließen, zum Beispiel durch ein kleines Ruhri-Alphabet und der Klärung wichtiger Fragen wie „Wer war Graf Koks vonne Gasanstalt?". Bei der bizarren Grammatik reichen Wer- und Wen-Fall völlig aus. Außerdem werden einige Protagonisten vorgestellt, die das Revier und seine Sprache aus dem Kohlenkeller geholt und bundesweit bekannt gemacht haben.

Zum Schluss zwei Ratschläge: Versuchen Sie niemals, mit einem „Ruhri" Ruhrdeutsch zu reden, wenn Sie nicht aus der Ecke hier stammen. Für beide Seiten peinlich!

Und, um Jürgen von Manger alias Adolf Tegtmeier zu zitieren: „Bleibense Mensch."

Rolf Kiesendahl

Graf Koks vonne Gasanstalt und der Mond von Wanne-Eickel

Das Ruhrgebiet
steckt voller Fännomeene.
Wo kommse her,
wat soll dat Ganze?
Eine Spurensuche.

Appeltatenfest

das ganz reale Apfelkuchenfest gehört zu Gladbeck
wie die Maschinenhalle Zweckel und das Wasser-
schloss Wittringen und wird alljährlich zur Apfelernte
gefeiert. Merke: Auch das Ruhrgebiet hat seine Tarte
Tatin.

Am Arsch der Welt

ist das Ruhrgebiet nicht. Mit 5,2 Millionen Einwoh-
nern der fünftgrößte Ballungsraum Europas, verkehrs-
mäßig bestens erschlossen, Standort vieler Hoch-
schulen, Sitz mehrerer DAX-Konzerne und Heimat
mehrerer Bundes- und Möchtegern-Bundesligisten,
darf man das sagen. Nicht zu vergessen: die vielfältige
Kulturszene. Wer den heimischen Sprengel verlässt,
findet ein attraktives Angebot, das mit dem deutscher
Millionenstädte konkurrieren kann.
Den besagten „Arsch der Welt" vermutet der Ruhrgebietsmensch eher anderswo. Nimmt man die wirklich großen Metropolen und die Orte mal aus, an
denen er gern Urlaub macht, sieht er ihn überall.
Legendär ist die Szene aus dem 1989 gedrehten Kult-
film „Theo gegen den Rest der Welt", in dem Theo
(Marius Müller-Westernhagen) mit Freund Enno seinem geklauten Lkw hinterherjagt. Am Mittelmeer an-
gekommen, stellt Theo mit dem Mini-Notizbuch-Atlas
Berechnungen an: „Noch drei Millimeter bis Mar-
seille." Und: „Wir sitzen hier am Arsch der Welt und
zuhause (in Herne) spielt Westfalia gegen Sodingen."

Denn wir tragen das Leder vor dem Arsch bei der Nacht

heißt es im Steigerlied, der Hymne des Ruhrgebiets. Gemeint ist das halbrunde Leder am Allerwertesten, das den Kumpel vor Nässe, Kälte und Verletzungen schützt, wenn er gezwungen ist, auf seinen vier Buchstaben mal ein paar Meter zu rutschen. „Arsch" wird beim Singen besonders betont. Die letzte Zeile der Strophe lautet „und saufen Schnaps." Wenn möglich, wird dann das Pinneken erhoben.

Borbecker halblang

Hosengattung, die nach dem Essener Stadtteil Borbeck benannt wurde. Weil es nach dem Zweiten Weltkrieg zunächst keine kurzen Sommerhosen gab, schnitt man lange Hosen unterhalb des Knies ab und konnte es dadurch besser bei Hitze aushalten.

Bottroper Schlemmerplatte

besteht aus einer Currywurst mit Pommes rot-weiß, sprich Ketchup und Mayonnaise bzw. Schranke und wird andernorts auch Schimanski-Teller oder kurz „CPM" genannt. Warum Bottrop immer wieder als Synonym für das klassische Ruhrgebiet alter Prägung genannt wird, weiß niemand. In vielen Bereichen der ehemaligen Bergbaustadt lässt es sich gut leben. Vielleicht liegt es an der Illustrierten „Stern", die vor Jahrzehnten in einer Reportage geschrieben hatte, in Bottrop könne man die Currywurst auch mit Zloty bezahlen. Der Ärger war damals sehr groß.

Gleich holt Dich der Bullemann

wird manchmal Kindern gedroht, die sich nicht so benehmen, wie Erwachsene es gern hätten. Natürlich
kommt der „Bullemann" nicht, denn es handelt sich ja
um eine Fantasiefigur, die aber etwas aus der Mode
gekommen ist. Außerdem lassen sich die lieben Kleinen kaum noch vom „Bullemann" schrecken. Sie sind
durch TV und Video andere Horror-Kaliber gewohnt.
„Bullemann" nennt man im Ruhrgebiet übrigens auch
einen großen Nasenpopel.

Currywurst, sprich Körriwuast

erfunden wurde sie angeblich in Berlin, Kultstatus erhielt sie in Bochum durch Herbert Grönemeyers Song
aus dem Jahr 1982. „Gehsse inne Stadt, wat macht da
satt – 'ne Körriwuast. Kommse vonne Schicht, wat
schön'ret gibbet nich als wie Körriwuast. Auffem
Hemd, auffe Jacke. Ker wat is dat 'ne Kacke. Allet
voll Körriwuast."
Ein wunderbarer Revierdeutsch-Rundumschlag, inklusive des hier üblichen „als wie" und eine Turbower-
bung für die Wurst, Bochum, die Metzgerei
Dönninghaus und Grönemeyer selbst, der damals am
Bochumer Schauspielhaus engagiert war. Am Text
wirkte auch der unvergessene Diether Krebs mit, der
ebenfalls dort auf der Bühne stand und viel zu früh
verstorben ist.

Endivienduacheinanda

sprich „Endivien durcheinander" war mal ein Arme-Leute-Essen, in dem Kartoffelstampf mit in Streifen geschnittenen Endivien vermischt wurde. Wer noch Geld hatte, tat Speckwürfel hinzu. Heute eine Delikatesse, die in Kochshows zelebriert wird. Viel verwegener mutet dagegen die Kombination aus Reibekuchen mit einer Art Puddingsuppe an, die gern gegessen wurde. Fleisch gab es nur sonntags.

Fisternölleken auffe Kirmes

Kornbrand mit Rosinen und einem Stück Würfelzucker, eine Kreation vom Niederrhein mit Kopfschmerzgarantie. Wird auf den traditionsreichen Kirmessen wie die Cranger Kirmes (Anfang Auguts), in Duisburg-Beeck (Ende August) und in Moers (Anfang September) gern und viel getrunken. Wer nicht solange warten will, kann auf der Sterkrader Fronleichnamskirmes – eine Pflichtveranstaltung für alle Oberhausener – das etwas spezielle Getränk probieren.

Froosneus

heißt „Frohes neues Jahr". Wegen des schweren Kopfes am 1. Januar zieht man Worte gern zusammen. Früher kamen an den Tagen vor Silvester die Müllmänner, um ihr „Neujährchen" abzuholen, ein Trinkgeld für gute Arbeit. Wurde inzwischen von den meisten Wirtschaftsbetrieben verboten.

Gelsenkirchener Barock

ist keine definierte Stilrichtung, sondern eine eher abfällig gemeinte Bezeichnung für wuchtige, eiche-furnierte Wohn- und Wohnküchenschränke mit vielen Rundungen samt Kitsch und Nippes in den Vitrinenteilen. Sie waren Mittelpunkt des Zimmers und Stolz der Besitzer. Nach den beiden Weltkriegen, in den frühen 1950er- und davor in den 1930er-Jahren spürten die Menschen eine tiefe Sehnsucht nach Sicherheit und Gediegenheit, die ihnen diese Art von Möbeln vermittelte. Meist wurden sie im Westfälischen gebaut. Wie die damals expandierende Kohle- und Stahlstadt Gelsenkirchen mit dem Begriff in Verbindung gebracht wurde, ist unklar. Vielleicht, weil zu dieser Zeit dort gut verdient wurde und sich viele Gelsenkirchener deshalb die Möbel leisten konnten. Später waren solche Klötze und die dazugehörigen schweren Sessel nicht mehr gefragt. Sie rückten in die Ecke oder wurden durch offene Schrankwände oder Produkte eines schwedischen Möbelhauses ersetzt. Der Fernseher rückte unterdessen in den Mittelpunkt.

Glück auf

Es gibt zwar keine Steinkohleförderung mehr im Ruhrgebiet, aber der Bergmannsgruß „Glück auf" bleibt hoffentlich ewig bestehen. Ursprünglich besagt der aus dem Erzbergbau des 17. Jahrhunderts stammende Gruß, dass sich den Abbau lohnende Gänge und Spalten erschließen mögen – und man auch heil wieder daraus kommt. Generell steht er für den Wunsch, nach der Arbeit vor Ort unversehrt wieder das Tageslicht zu erreichen. Heute könnte man auch „alles Gute" sagen. „Glück auf" – beim „auf" wird die Stimme etwas angehoben – klingt doch viel besser.

Graf Koks vonne Gasanstalt

So werden furchtbare Angeber genannt, die allen auf die Nerven gehen. Wer dermaßen „auffen Putz" oder „auffe Kacke" haut, dass sich die Balken biegen, kommt nicht gut bei den Leuten an. Ausnahmen in der Politik mal ausgenommen. Woher die Bezeichnung kommt, weiß niemand so genau. Könnte auch ein Spott über reiche Schlotbarone sein, die sich Adelstitel erkauften. Eine andere Variante ist „Graf Rotz."

Grenzgänge zwischen „nä" und „woll"

Die Grenze ist auf keiner Ruhrgebietskarte eingezeichnet, trotzdem gibt es sie, die Trennungslinie zwischen „nä" und „woll", die zwischen Bochum und Dortmund verläuft. Gemeint ist damit ein bestätigendes „nicht wahr". „Dat war wohl en grottenschlechten Kick, nä" würde der Westruhri sagen, worauf der eher dem Westfälischen zugeneigte Gesprächspartner antwortet: „Dat kannze aber laut sagen, woll." Eine andere Sprachgrenze verläuft etwas weiter südlich. Die sogenannte Benrather Linie. Wer nördlich davon lebt, sagt „Appel", südlich davon heißt es Apfel.

Gruga

Selbst viele Essener wissen nicht, warum der riesige, phantastische Freizeitpark im Süden ihrer Stadt Gruga genannt wird, der wohl zu den schönsten in Deutschland gehört. Der Name besteht aus den Anfangsbuchstaben der „Großen Ruhrländischen Gartenausstellung", die 1929 eröffnet und bisher geschätzt von mehr als 130 Millionen Menschen besucht wurde.

Hammer, Hamma, am Arsch hängend

selbstverständlich das Werkzeug, das jeder als erstes nennt, wenn er spontan ein Werkzeug nennen soll. Oder wenn ein Ereignis im Ruhrgebiet sehr beeindruckend war: „Dat Spiel war echt der Hamma". Entsprechend das Adjektiv „hamma", das für super, toll oder echt stark steht.

„Am Arsch hängt der Hammer" heißt es dagegen, wenn es um eine derbe Ablehnung, eine konsequente Verneinung oder um einen Zustand geht, den jemand komplett satt hat. Der Dortmunder Literat und Kabarettist Fritz Eckenga hat ein kleines Gedicht dazu gemacht.
Tom Dooley hängt am Galgen / Der Trinker hängt am Bier / Am Arsch da hängt der Hammer / Und ich Arsch häng an Dir.

Herrentorte, singende

nennt sich der Mülheimer Jazzmusiker und Humor-Anarchist Helge Schneider, 1965 in der Ruhrstadt geboren. Ein Genie in beiden Fachrichtungen.

Mein lieber Kokoschinski

Keiner kennt ihn persönlich, aber sein Name wird ständig genannt. Die einen sagen „mein lieber Scholli", die anderen „mein lieber Herr Gesangsverein". Im Revier führt man lieber einen gewissen Herrn Kokoschinski an, um Überraschung, Verwunderung oder auch eine freundschaftliche Mahnung auszudrücken.

Küppersbuschlänge

Eine Maßeinheit. Küppersbusch in Gelsenkirchen war einer der führenden Ofenhersteller Deutschlands. Damit das Holz – „Mutterklötzkes", die oft aus Grubenholzresten stammten – auch auf den heimischen Ofenrost passten, wurden sie vorher auf Küpperbuschlänge gebracht.

Kumpel Anton

Symbolfigur des typischen Ruhris der 1950er-Jahre, kreiert von WAZ-Sportredakteur Wilhelm Herbert Koch. Mehr unter „Protagonisten der Ruhrgebietssprache".

Lass jucken, Kumpel

lautete ursprünglich die freundliche Aufforderung des Steigers, etwas schneller zu arbeiten. „Lass jucken Kumpel" war aber auch der Titel eines gleichnamigen deutschen Sexfilms, der 1972 in die Kinos kam und über vier Millionen Zuschauer hatte. Ein Püttrologe (Synonym für Kumpel, Bergmann, unter Tage Beschäftigter) erlebt darin auf der Bettdecke die wildesten Sex-Abenteuer, während seine Kumpel unter Tage malochen. Irgendwie ungerecht. Das von Arbeit, Kohle und Stahl geprägte Revier war plötzlich zum vermeintlichen Sündenbabel geworden. Heute würde der Trashfilm eher zur Belustigung als zur Erregung beitragen.

Leo vonne Pelzwiese

Wer dieser Leo ist und wo sich die Pelzwiese genau befindet, weiß niemand. Gleichwohl geistert Leo als Redensart durchs Revier, mit der man jemandem eine Abfuhr erteilt: „Watt, ich soll Dich en Hunni leihen? Bin doch nich der Leo vonne Pelzwiese". Die Kurzform lautet: „Bin donnich blöd."

Von Adolf Tegtmeier bis Herbert Knebel

Was wäre das Ruhrdeutsch
ohne seine Protagonisten

Getz ma unter uns. Kohle und Stahl, harte Arbeit, viel Dreck, dicke Luft, aber auch gutes Geld prägten das Ruhrgebiet der 1950er-Jahre. Da blieb wenig Raum für perfektes Hochdeutsch. Wirtschaftlich eine Macht, sprachlich ein Notstandsgebiet, jedenfalls von außen betrachtet. Und dies mit einer gewissen Arroganz. An ihren Urlaubsorten im Schwarzwald oder an der Küste fielen die Ruhris mit ihrer schlichten Ausdrucksweise sofort auf. Es mangelte damals an Selbstbewusstsein. Höchste Zeit also, ihre wundersame Sprache, den Humor und die Selbstironie von der siebten Sohle ans Tageslicht zu holen. Das übernahmen Autoren, Schauspieler und Kabarettisten. So erhielt Ruhrdeutsch Unterhaltungswert, erreichte Augenhöhe mit anderen Dialekten. Kunstfiguren wie Kumpel Anton, Adolf Tegtmeier, Else Stratmann oder Herbert Knebel kennt heute jeder.

Kumpel Anton – erschaffen von Wilhelm Herbert Koch

„Anton, sachtä Cervinski für mich." – So fängt jede der 1400 Geschichten an, die WAZ-Sportredakteur Wilhelm Herbert Koch (geb. 1905) seit 1954 jeden Samstag in seiner Zeitung veröffentlicht. Wenn man so will, ist er der Pionier des Ruhrdeutschs. Es dauerte nicht lange, bis „Kumpel Anton" zur Symbolfigur des Ruhrgebiets wurde und die schrägen Dialoge im reinsten Ruhr-Slang Kultstatus erhielten. Über Gott und die Welt, über kleine Sorgen und große Fragen der Zeit sinnierten Anton und sein Freund Cervinski, ebenfalls ein Püttrologe. Wohl fast jeder im Revier konnte sich darin wiederfinden, denn Koch hatte den Menschen sehr genau zugehört. Im Laufe der Zeit kamen andere, heute noch bekannte Figuren wie die dicke Tante Matta oder Taumvatters Jupp hinzu (Revierdeutsch für Taubenvater, Brieftaubensportler).

Mitte der 1960er-Jahre ging Kumpel Anton in Rente. Sein Schöpfer Wilhelm Herbert Koch starb 1982.

Dr. Antonia Cervinski-Querenburg – erschaffen von Rainer Bonhorst

Die fiktive Sprachforscherin muss im direktem Anhang mit ihrem Patenonkel Kumpel Anton gesehen werden, denn sie ist die Tochter von dessen Freund Cervinski. Rainer Bonhorst, ehemals stellvertretender Chefredakteur der WAZ in Essen, hat Dialoge und Monologe der Wissenschaftlerin belauscht, die ins Revier zurückgekehrt ist, weil sie hier einen „Lernstuhl" hat. Kostprobe gefällig? Es geht um die Entstehung der Kohle: „Wie fing dat eintlich allet so an im Revier? Wie überall fing et an: mitte Steinzeit und seine Menschen, nämmich mitti Sappienz Sappienz und die Neandertaler. Nur dat dat Ruhrgebiet schon viel früher anfing. Nämmich mit dat Waldsterben und mitti ganzen Bäume inne Erde und dat die sich so lange da inne Erde gequetscht haben, bis se gesacht ham: Getz sind wir Kohle."

Adolf Tegtmeier alias Jürgen von Manger

Er ist der unbestrittene Vater des Ruhrgebiets-Kabaretts oder der Ruhrgebiets-Komik, je nach Sichtweise: Jürgen von Manger. Sein Adolf Tegtmeier, ein halbgebildeter Rentner mit Schnäuzer und Schiffermütze, schwadronierte fröhlich in breitestem Ruhrpott-Idiom über das Leben, Land und Leute. Dass er dabei von „Hölzken auf Stöcksken" kam, Fremdwörter falsch einsetzte und kaum einen Satz vollendete, lag auf der Hand.

Meist begrüßte er sein Publikum so: „Mein Name ist Tegtmeier. Mit der Familie fünf Mann hoch, die Oma auch noch mit bei, dann die zwei Kleinen, die Susanne geht ja noch inner Schule, und die Elvira geht mit ein Gastarbeiter."

Dabei stammte Jürgen von Manger weder aus dem Ruhrgebiet, noch gehörte er zur Arbeiterschicht. 1923 in Koblenz als Sohn eines Staatsanwalts geboren, kam er erst mit zehn Jahren ins Ruhrgebiet und wurde nach dem Notabitur Schauspieler. Dass er eines Tages der erste bundesweit populäre Ruhrgebiets-Kabarettist sein würde, mit Goldener Schallplatte ausgezeichnet und mit seinen Büchern Furore machen würde, konnte er damals nicht ahnen. Unvergessen sein makabrer Schwiegermuttermörder-Sketch mit dem legendären Schlusswort vor Gericht: „Ich schließe mich den Ausreden meines Verteidigers an."

Ein Schlaganfall beendet die Bühnenkarriere von Jürgen von Manger. Er starb 1994 in seiner Wahlheimat Herne.

Else Stratmann alias Elke Heidenreich

Schriftstellerin, Literaturkritikerin, Kabarettistin, Journalistin, und alles mit hohem Wirkungsgrad. Diese Frau, die in Hessen geboren und in Essen aufgewachsen ist, kann fast alles. Da geht beinahe unter, dass die Erfolgsautorin Elke Heidenreich auch zu den Protagonisten des Ruhrdeutschen gehört. Über 4000 mal ließ sie ihre schwatzhafte Metzgersgattin Else Stratmann aus Wanne-Eickel über ihren Gatten Willi und Tochter Inge sinnieren, über „unser Omma", Nachbarn, Weltpolitik, die Grimaldis in Monaco und den Alltag sowieso. Bei den Hörern von WDR 2 und SWF3 war sie ebenso Stammgast wie auf vielen Bühnen und im Fernsehen. Eine ihrer Weisheiten lautet: „Geduld is ja hinterher imma leichter als mittendrin."

Herbert Knebel alias Uwe Lyko

„Boah glaube, ich sach Sie" – wenn Herbert Knebel alias Uwe Lyko von seinen Alltagserlebnissen erzählt, bleibt bei den Zuschauern der „Mitternachtsspitzen" des WDR im alten Wartesaal des Kölner Hauptbahnhofs kein Auge trocken. Was gleichermaßen für die Menschen zuhause vor der Glotze gilt. Der von Uwe Lyko (1954 in Duisburg geboren) geschaffene Frührentner Herbert Knebel hat sich auffe Zeche in Altenessen die Staublunge geholt. Als ewig nörgelnder Rentner hat er nun viel Zeit, Gattin „Guste" gehörig auf die Nerven zu gehen – und umgekehrt. „Hebbert" bringt so ziemlich alles auf die Palme, was um ihn herum geschieht. Aber er ist auch leicht zu beeindrucken, wie das Publikum bei der One-Man-Show in bestem Ruhrpott-Platt erfährt. Seit 1988 gehört Knebel zum festen Humor-Inventar des Ruhrgebiets, ebenso wie seine Band „Herbert Knebels Affentheater", zu der Ozzy Ostermann, Ernst Pichel und der schluffige „Trainer" gehören. Das Programm des „Affentheaters" besteht aus zwerchfellerschütternden Sketchen und gekonnten Cover-Versionen bekannter Songs, natürlich mit deutschen Texten. Da wird aus „Knocking on Heaven's Door" mal eben „Nackend am Baggerloch".

Dr. Ludger Stratmann alias Dr. Ludger Stratmann

„Hauptsache, ich werde geholfen" hieß das erste Bühnenprogramm von Ludger Stratmann (geb. 1948 in Verl), mit dem der Bottroper Allgemeinmediziner 1995 eine atemberaubende Karriere startete. „Heute komm ich mal mit meinem Bein" lautete 1997 der Titel der nächsten Show. Doch da stand schon fest, dass die saukomischen Betrachtungen über Menschen beim Arzt und ihre Sorgen, über Hypochonder, Halbgötter in Weiß, über manchen Irrsinn unseres Gesundheitssystem die Zuschauer begeisterten. Da war jemand, der genau beobachtete und wusste, wovon er sprach. Der bei den Leuten und in der Region zuhause war. Bis 2015 folgten vier weitere Programme, die neben zahllosen Gags auch kritische Komponenten enthielten. Weit über 1,5 Millionen Menschen dürften die Auftritte des Mediziners auf vielen Bühnen und häufig auch im Fernsehen erlebt haben. Da wundert es nicht, dass sich Ludger Stratmann schon 1999 ausschließlich aufs Kabarett/Comedy konzentrierte. Seine Fans konnten ihn danach als Kneipenwirt „Jupp" in vielen Fernsehproduktionen erleben.

Natürlich

gibt es zwischen Duisburg und Unna noch viele andere Kabarettisten oder Comedians, Schriftsteller und Schauspieler, die es verdient hätten, ausführlicher erwähnt zu werden. Denn auch sie beherrschen meisterhaft den spielerischen Umgang mit dem Wortwitz und den sprachlichen Perlen des Ruhrgebiets. Das Revier ist hier mit Gerburg Jahnke (Oberhausen), Frank Goosen und Hennes Bender (Bochum), Fritz Eckenga und Torsten Sträter (Dortmund), Jochen Malmsheimer (Essen) sowie Kai Magnus Sting (Duisburg), die alle sehr bekannt bis bekannt aus Funk und Fernsehen sind, bestens aufgestellt.

Gib mich die Kirsche

bekannte Zitate
und Dialoge des Ruhrgebiets,
also vonnet Revir

„Arschlecken und Rasieren kostet dreifuffzich"

Ein rustikaler Ruhrgebietsspruch unbekannter Herkunft, der keinesfalls wörtlich genommen werden sollte und schon einmal bei Jürgen von der Lippe zu hören war. Der Sprecher bringt damit zum Ausdruck, dass er keinerlei Interesse an der Sache hat und man ihn bitte damit in Ruhe lassen solle.

„Wie isset?" – „Muss. Un selbs?" – „Muss auch." – „Hauptsache"

Vielleicht der am häufigsten zitierte Ruhrgebiets-Dialog. Betont kurz und knapp gehalten, man kann es auch maulfaul nennen, verrät er uns gleichwohl, dass Sprecher 1 großes Interesse am allgemeinen Befinden von Sprecher 2 zeigt, was dieser umgehend erwidert. Beide tragen Verantwortung, haben gewisse gesundheitlich Probleme und kleinere Sorgen, die offenbar aber nicht gravierend sind. Sonst wäre man gezielter darauf eingegangen. Erwähnenswerte Glücksmomente scheint es auch nicht gegeben haben. Zum Schluss ist man sich einig, dass es durchaus so weiter gehen kann – Hauptsache. Gibt ja Schlimmeres. Ansonsten: Sehr viel Raum für Interpretationen.

„Wo geht dat nach ALDI?" – „Dat heißt zu ALDI" – „Wat! ALDI hat schon zu?"

Ebenfalls ein Dauerbrenner unter den Sprüchen, der in jedem Ruhrgebietsbuch auftaucht. Die lustvoll – bewusst oder unbewusst – falsch verwendete Präposition dürfte die gegen ein bestimmtes Image ankämpfenden ALDI-Verantwortlichen am meisten nerven, denn die Konkurrenz von Lidl, Rewe oder Edeka hat solche Probleme nicht. Unkenntnis darf man dem Discounter nicht unterstellen. Der Konzern wurde schließlich in Essen gegründet – also dort, wo man schon immer „nach" statt „zu" sagte. Und „im Bett" ging und nicht ins selbige.

„Hömma, samma, womma nomma?"

Schwere Kost für Ruhrpott-Anfänger. Das „Hömma" (hör mal) steht fast immer am Satzanfang. Dann folgt „sag doch mal, wollen wir noch einmal?", wobei sich die geplante Handlung aus dem Zusammenhang ergibt und es kaum darum gehen wird, eine Wand zu tapezieren. Laut Kai Magnus Sting, Kabarettist aus Duisburg, kommt ein solcher Dialog bei eingespielten Paaren meist samstags, kurz vor der Sportschau, zustande. Und wenn die Kinder mal ein paar Stunden aus dem Haus sind.

Ein weiteres Beispiel für den ökonomischen Umgang mit der Sprache:

„Hamma Humma? Humma hamma imma!".

Richtig erkannt, es geht um einen Hummer, den jemand im Fischgeschäft kaufen möchte. Allerdings ist das Beispiel nicht gut gewählt. Im Revier kommt höchstselten Hummer auf den Tisch (höchstens als Hummersuppe aus der Dose). Und gute Fischgeschäfte muss man suchen.

„Gib mich die Kirsche"

Für mich das schönste aller Ruhrgebietszitate. Das sehen Theken- und Studentenmannschaften genauso, die ihr Team „gib mich die Kirsche" nennen. Autoren und Partyveranstalter übrigens auch, die für ihre Projekte einen Titel suchten. Das Zitat stammt vom unvergessenen Dortmunder Nationalspieler Lothar Emmerich, genannt „Emma mit der linken Klebe", womit sein fulminanter Schuss mit dem linken Fuß gemeint war. Mit dem Ruf „gib mich die Kirsche" forderte er den Ball von seinen Mitspielern. Und sehr oft folgte dann ein Tor. „Emma" wurde 1966 Torschützenkönig der Bundesliga. Ins Gedächtnis der Fußballnation brannte sich jedoch sein Tor bei der WM 1966 in England ein, als er im Villa Park in Birmingham das Leder mit der linken Klebe fast von der Außenlinie ins Gehäuse der Spanier hämmerte.

„Ich danke Sie"

„Herr Lippens, ich verwarne Ihnen", sagte der Schiedsrichter zu Willi Lippens, der einen Gegenspieler gefoult hatte." Darauf erwiderte der Bundesliga-Star und Publikumsliebling „Ich danke Sie" und sah prompt die Rote Karte wegen Schiedsrichterbeleidigung. Dabei hatte Lippens, der wegen seines Watschelgangs „Ente" genannt wurde, ruhrgebietsüblich den Akkusativ statt des Dativs verwendet, was – umgekehrt – der Referee ja auch gemacht hatte. Dies allerdings, weil er es nicht besser wusste. Aber er ahnte, dass er gerade herrlich veräppelt worden war. Über die Anekdote lacht heute noch das ganze Ruhrgebiet – inklusive „Ente" Lippens, der sogar das Restaurant auf seinem idyllischen Lippenshof in Bottrop „Ich danke Sie" getauft hat.

„Watt macht Sallat" – „Schießt" – „Dann geh in Deckung."

Dialog mit einem Kleingärtner aus dem Ruhrgebiets-Film „Jede Menge Kohle" von Adolf Winkelmann. Hochdeutsch: „Wie wächst der Salat in Ihrem Kleingarten?" – „Er schießt momentan", also überproportionales Wachstum – „Dann gehen Sie besser in Deckung."

Immer wieder schön:
Fußballersprüche aus dem Ruhrpott

„Mal verliert man. Und mal gewinnen die anderen."
Diese Weisheit stammt vom Essener Erfolgstrainer
Otto Rehhagel.

**„Erst hatten wir kein Glück, dann kam auch noch
Pech dazu."**
analysierte einst Stürmerstar Jürgen Wegmann aus
Essen, genannt „Kobra", den Verlauf der Partie.

„Ich hab ihn doch nur leicht retuschiert."
Mittelfeld-Star und Nationalspieler Olaf Thon aus
Gelsenkirchen, der für Schalke 04 und den FC Bayern
München spielte.

**„Und hängt der Arsch in Falten, wir bleiben doch die
Alten."**
Rustikaler Trinkspruch aus dem Ruhrgebiet

Die wichtigsten Ruhrgebiets- wörter und -begriffe von A bis Z

Aabeit

genauer gesagt „auffe Aabeit" ist der Ruhrgebietler,
wenn er gerade einer bezahlten Tätigkeit nachgeht,
möglichst mit Anstellungsvertrag und just in diesem
Moment nach ihm gefragt wird. „Aabeit" ist auch an
der Ruhr das halbe Leben, wobei sich viele nach der
anderen Hälfte sehnen.

Aalskuhle

steht für die Jauchegrube unterhalb des Plumpsklos.
Selbiges befand sich in den Zechensiedlungen meist
hinter dem Wohnhaus. Wer ein dringendes Bedürfnis
hatte, musste sich mitunter durch Schnee und Eis
kämpfen, um zum stillen Ort zu kommen. Oft war es
aber auch der einzige Platz, an dem man ungestört
sein konnte. Mit dem Anguilla anguilla, besser bekannt als Aal und immerhin Fisch des Jahres 2009,
hat die „Aalskuhle" nichts zu tun.

Herziger Blick aus dem Plumpsklo mit Aalskuhle darunter:
Die Schwächen beim Komfort wurden durch die Aussicht nur zum Teil
wettgemacht.

Aas

werden meist Frauen genannt, die Konflikte nicht scheuen und ihre Interessen konsequent verfolgen. Kommt aber auch als Bezeichnung für hinterhältiges Verhalten zum Einsatz: „Die is ein Aas". Oder als Beleidigung.

aasen

ist ein oft benutztes Synonym für Verschwendung und Vergeudung knapper Ressourcen. „Die aaasen mit die Torschangsen rum, dat kannich gut geen", ist zum Beispiel beim Fußball zu hören, wenn das Runde einfach nicht in das Eckige will.

abbrechen

hat nichts mit dem vorzeitigen Abbruch einer Aktion zu tun. Sondern eher mit dem Gegenteil. „Brech dich bloß keinen ab" gilt als Aufforderung, sich nicht so ungeschickt anzustellen oder sich bei etwas zu sehr anzustrengen. Oder etwas verständlicher zu formulieren.

abdrücken

„getz drück mal en Zehner ab für Oppa sein Kranz", heißt es, wenn jemand seinen Beitrag leisten muss und nicht sofort zur Geldbörse greift. Es geht auch kürzer: „Her mit die Kohle" oder „Kohle raus".

abfackeln

Kokereien verbrennen mitunter überschüssiges Gas, was in der Abendsonne des Ruhrgebiets für bizarre Kontraste sorgt – irgendwo zwischen apokalyptisch und schaurig-schön. Steht aber auch für Brandstiftung oder das gezielte Niederbrennen eines Gebäu-

Kein Fall für die Feuerwehr: Kokereien fackeln überflüssiges Gas regelmäßig ab. Vor allem bei Nacht ein spektakuläres Bild. Dabei entstehe keine zusätzliche Umweltbelastung, versichern die Behörden.

des. Geht es dabei um größere Versicherungssummen, sprechen böse Zungen von einem „warmen Abbruch".

Abflug

bezieht sich nicht auf den Luftverkehr. Vielmehr verlässt jemand freiwillig oder unter Zwang eine Gruppe. Ähnlich ist die Situation bei Abgang: „Mach mal den Abgang, aber mit Caracho." „Mach dich vom Acker" oder „Ich mach mich vom Acker" passt ebenfalls in diese Kategorie.

abfüllen

jemandem immer und immer wieder das Glas voll zu gießen, bis er nur noch eingeschränkt handlungsfähig ist. Will sagen: Jemanden betrunken machen. Nicht immer mit lauteren Absichten.

abgezockt, abgezuppt, abgewichst

drückt Bewunderung und Respekt für eine clevere und schlitzohrige Verhaltensweise aus. Jemand, der trickreich und nervenstark kitzlige Situationen meistert, gilt als abgezockt, abgezuppt oder besonders abgebrüht. Das Verb „abzocken" ist dagegen negativ besetzt und steht für ergaunern oder „jemanden über den Leisten ziehen".

abkacken

don't panic, hat nix mit Exkrementen zu tun, sondern damit, dass ein Mensch nicht mehr kann oder ein Apparat nicht mehr funktioniert. „Beim Volkslauf is der Anton bei Killometer 20 komplett abgekackt" oder „Mein Computer is gestern abgekackt." „Verkackt" bezieht sich auf das Misslingen einer einzelnen Aktion oder eines ganzen Planes. „Schalke hat schon widder nen sicher geglaupten Siech verkackt. Ausgleich inne 96. Minute."

abklabastern

„Klabastert op de Beesters", sprich „Aufsitzen" oder „Steigt auf die Pferde", lautete ein Befehl der niederländischen Kavallerie – weshalb anzunehmen ist, dass das Wort „abklabastern" von holländischen Arbeitern stammt, die im 19. und Anfang des 20. Jahrhunderts ins damals aufstrebende Ruhrgebiet strömten. Heute versteht man darunter, eine Reihe Menschen oder Orte aufzusuchen, bis endlich das Gesuchte gefunden oder ein Ziel erreicht ist. „Hab die ganze Zitty abklabastert, bis ich endlich die Gummi-Socken für Mudder gekriecht hab."

Mit „Herzklabaster" bezeichnet man im Ruhrpott dagegen Herzrhythmusstörungen, die nicht selten durch Auf- oder Erregung verursacht und durch Alkohol noch verstärkt werden. „Dat hat mich so sauer gemacht, datt ich Herzklabaster gekriecht hab."

abnippeln

ist eine wenig empathische Bezeichnung für sterben und zeugt von wenig Respekt der oder dem Verstorbenen gegenüber. „Den Löffel abgeben" klingt auch nicht viel besser. Indianer gehen „in die ewigen Jagdgründe". Passt aber nicht ins Ruhrgebiet, denn Sioux und Apachen gibt es hier nur in der Karnevalszeit.

Absacker

nennt sich der berühmte letzte Drink nach Theaterbesuch oder Kneipentour, bei dem das Erlebte nochmal gründlich reflektiert wird. Gern wird dafür das Lokal gewechselt. Manchmal bleibt es nicht bei einem „Absacker". Entsprechend abgesackt ist die Befindlichkeit am nächsten Morgen.

abprotzen

hat mit einer gewaltigen Entleerung auf einem gewissen Ort zu tun. Reicht als Erklärung.

abseilen

gehört nicht zu den edelsten Charakterzügen. Wer sich abseilt, entzieht sich aus vorgeschobenen Gründen einer privaten oder beruflichen Verpflichtung, zu der er von vorherein keine Lust hatte. „War ne Scheiß-Party, da hat Renate ein auf Koppschmerz gemacht und wir haben uns abgeseilt."

achottachott

klingt irgendwie alttestamentarisch, ist aber eine eher
lustig gemeinte Anrufung des Gottes, wenn mal wieder etwas von geringer Tragweite schiefgegangen is:
„‚Achottachott‘, ham die Blauen schon widder verkackt" – wobei das „ch" sehr kehlig ausgesprochen
wird, etwa wie im Schwyzerdütsch.
Sind die Folgen schlimmer, sollten Strenggläubige besser weghören: „Ach du heilige Scheiße."
Und wenn es wirklich dramatisch zugeht, hält der
Ruhri die Klappe und hilft.

Adler

wer hinfällt und mit ausgebreiteten Armen liegen
bleibt, hat „den Adler gemacht". Haben wir früher
gern im frischen Schnee getan – ohne luftdurchlässige
und wasserdichte Funktionskleidung. Mutter war be-
geistert. „Adler" steht aber auch für Weggang oder
Flucht aus dem Knast.

Akamie

und „Unität" sind Verballhornungen von Hochschule.
Übrigens: Das Ruhrgebiet hat eine der dichtesten
Hochschullandschaften Europas mit über 400 000
Studierenden. Davon kommen über 4000 aus China.

ALDI

wurde in Essen von den Brüdern Theo und Karl
Albrecht gegründet und ist heute einer der bedeutend-
sten Discounter der Welt. Sein früheres Billig-Image
hat der Konzern längst abgelegt. Trotzdem sind Sprü-
che wie „Hasse dein Führerschein bei ALDI gemacht"
nicht totzukriegen. Oder: „ALDI-Koffer" = Plastiktüte.

tauch in der Jugendsprache des Reviers auf und wird
als Ausdruck des Erstaunens und der Verwunderung
eingesetzt, ähnlich wie „Alter Schwede". Was Alessandro Altobelli (geb. 1955) damit zu tun hat, der 1982 mit
Italien Fußball-Weltmeister wurde, weiß wohl niemand.
Aber der Name klingt einfach zu gut. Gut möglich, dass
die Jugend ihn mit Mario Balotelli verwechselt, der
beim 2:1-Sieg Italiens bei der EM 2012 die deutsche Ab-
wehr schwindlig spielte – nicht wahr, Herr Löw?

Egal ob Alessandro Altobelli (rechts) oder Mario Balotelli: Gegen die
Azzuri taten sich die deutschen Kicker schon immer schwer. Dass „Alto
Belli" in die Jugendsprache eingegangen ist, darf als Respektsbekundung
gesehen werden.

alle machen

heißt, da wird jemand zu Boden geschlagen, im schlimmsten Fall getötet. Muss aber nicht so dramatisch ausgehen. Steht auch für Siege im Sport. „Als der Toni raus musste, ham we se alle gemacht." „Fix und alle" zu sein heißt dagegen: „Ich bin erschöpft. Lass mich in Ruhe."

Ambach

„Wat is Ambach" fragt der Ruhrgebietler um zu erfahren, was als nächstes kommt oder wie man weiter verfahren soll. Wer eine Sache schnell durchschaut hat, ist auf Zack und weiß sofort, was „Ambach" ist. Er kennt sich aus und ahnt die weitere Entwicklung. Über den Ursprung gibt es unterschiedliche Deutungen. Manche verorten sie in der Sondersprache Masematte, die von Ganoven, Gauklern und Händlern gesprochen wurde. Andere verweisen auf das westfälische Wort „Ambacht", das geschäftig bedeutet.

Antek und Frantek

sind volkstümliche Figuren, ähnlich wie Tünnes und Schäl für Köln. Das schwejkhafte Duo hat seinen Ursprung in Oberschlesien – einer Region, aus der im Zeitalter der Industrialisierung viele Arbeiter in den Schmelztiegel Ruhrgebiet kamen. Mit „Antek und Frantek"-Witzen ließ sich das harte Leben im Revier besser ertragen. Heute sind die beiden fast vergessen.

Anschiss

Verschärfte Ansage nach einem Fehlverhalten, bedingt
immer eine Hierarchie.

Da verpasst der Abteilungsleiter dem Lehrling einen
„Anschiss", weil der mal wieder zu spät gekommen
ist. In die gleiche Kategorie fällt „er macht ihm einen
Einlauf". „Gardinenpredigt" trifft es auch, obwohl
heutzutage häufiger Rollos vor den Fenstern hängen.
„Sich anscheißen" bedeutet wiederum, sich bei jemandem einzuschmeicheln.

Apparillo

Großer unhandlicher Gegenstand. Der wird gern auch
„Kawenzmann" genannt, hat aber nix mit der von
Seeleuten gefürchteten Riesenwelle zu tun.

appen / Appel

„Mit sein appen Arm kommt da Wilhelm aber gut
klar". Wenn etwas abgetrennt wurde und fehlt, ist es
im Ruhrgebiet „ap". Gilt nicht nur für Extremitäten,
sondern auch für Gegenstände. „Guste, näh mich den
appen Knopp ma an."

„Ein am Appel" hat jemand, der nicht Herr seiner
Sinne ist. Oder man „kriecht ein am Appel", wenn
etwas nicht läuft, eine Problemlösung außer Sicht und
Ärger und Frust riesig sind.

Mit „Appelkähne" sind besonders große Schuhe gemeint.

Asbach

„Wenn dir etwas Gutes widerfährt, ist das einen Asbach Uralt wert" gehört wohl zu den erfolgreichsten
Werbeslogans schlechthin für einen Weinbrand. Der
Begriff „Asbach" verkörpert im Ruhrgebiet eine gewisse Geringschätzung. „Dat is doch Asbach" heißt,
ein Ding oder eine Information ist völlig veraltet oder
schon lange bekannt.

„Is doch Asbach, dä Stoff. Kommt abba gut. Aber wo verdammich is
denn dä Geist, dä da drinn sein soll?"

Asche

steht für Geld, ebenso wie „Moos" (ohne Moos nix
los), wie Schotter, Moneten und natürlich Kohle.

Asitoaster

Sonnenbank. Manche übertreiben es mit der Überpig-
mentierung aus der Steckdose. Männer mit mächtigen
Muskeln tragen zur künstlichen Bräune gern eine
Goldkette.

Schwere Last. Man arbeitet sich einen „Ast", kann sich aber auch einen lachen. Bezieht sich nicht auf den Ast des Baumes, sondern auf den menschlichen Buckel, der bei schwerer Arbeit oder dröhnendem Gelächter krumm wird. „Mitti Koffer den Baansteich lang zum Zuch, da musswer ganz schön asten."

aufhaben

kommt in vielen Zusammenhängen vor. Von Öffnungszeiten über Schulaufgaben („Wat haamwer auf?") bis Trunkenheitsgrad. Nach reichlich Allohol hat der Schnapsfreund „einen auf". Und „den Kaffeeh auf" hat man, wenn man frustriert oder genervt von etwas ist. Ähnlich wie „Faxen dicke" oder „Schnauze voll".

aufscheppen

den Teller füllen. In der Regel mit einer Kelle, weshalb meist Eintöpfe oder Suppen aufgescheppt werden.

B

baff

Zustand absoluten Erstaunens. „Als ich se dat sachte, war se baff." „Vonne Socken sein" passt in diesem Zusammenhang auch.

Bagaasche

Familie, aber auch Gruppe. „Kommse mitti ganze Bagaasche zu Omma ihr Geburtstach?" Der Begriff Bagage stammt aus dem Französischen (Gepäck) und – man staune – im 17. Jahrhundert wurde der Tross eines Landsknecht-Heeres so bezeichnet.

baggern, anbaggern

nennt man den Versuch, sich mehr oder weniger geschickt oder charmant dem anderen Geschlecht zu nähern. Nicht umsonst galt manche Diskothek einst als „Baggerloch". „Baggern" gilt aber auch für die Bemühung, Geld einzuwerben oder ein Geschäft abzuschließen „hab wie blöd gebaggert, um den Zuschlach zu kriegen."

bandusen

oder „rumbandusen" steht für Lärm machen, wildes Herumtollen, vor allem von Kindern. Aber auch für „sich aufregen". „Wat war der am rumbandusen, als wer unsere Karre kurz in seine Einfaart gestellt hatten."

Barras

steht für Bundeswehr. Man sagt auch: „Ich war beim Bund."
Zeitsoldaten, die sich für ihr ganzes Berufsleben verpflichtet hatten, hießen „Z Grabstein."

früher mal Imponiersprung im Freibad, bei dem der
Bauch voll aufs Wasser klatschte. Gehörte zum
1950er- und 1960er-Jahre Balzritual. Gilt heute als
uncool und könnte sogar schmerzhaft sein.

„Hey Mädels, kuckt ma die geile Fluchkurve". – „Au, Scheiße"

Bazille

ursprünglich stäbchenförmiges Bakterium. Im Ruhrgebiet gilt als „linke Bazille", wer sich unehrlich verhält und anderen dadurch schadet.
„Bazillenmutterschiff" wird jemand genannt, der
höchst ansteckend ist.

bedröppelt

traurig und frustriert zu sein, was mit dem entsprechenden Gesichtsausdruck zum Ausdruck kommt:
„Watt kuckse so bedröppelt?"

Beamtensonntag

ist der Mittwoch, weil in den Verwaltungen an diesem
Tag meist nur bis mittags gearbeitet wird. Auch im
Ruhrgebiet werden die Privilegien des Öffentlichen
Dienstes neidvoll registriert und sind Gegenstand von
Witzen: Beamten-Mikado = wer sich zuerst bewegt,
hat verloren. Oder: Treffen sich zwei Beamte auf dem
Rathausflur. „Na", sagt der eine, „kannst Du auch
nicht schlafen?"

beknackt

dummes, scheinbar irrationales Verhalten und nicht
wirklich ernst zu nehmen.

beömmeln

Mordsspaß haben, vor Tränen lachen oder schlapplachen. „Als unser Hebbert mal widder den Schwiegermuddermörder von den Techtmeyer machte,
hamwer uns beömmelt vor Lachen."

belatschern

jemanden wortreich zu etwas überreden, das sie oder er ursprünglich gar nicht wollte. „Inge hat mich so-lange belatschert, bis ich sie die Kohle für dat Auto gegeben hab."

Bello

Großer Hund, großer Mann – auf jeden Fall eine un-gefähre Beschreibung für ein Lebewesen von ein-drucksvoller Größe. „Bello" wird aber auch ein bellender, langanhaltender Husten genannt.

Bergmanns-Sushi

Schweinemett mit Zwiebeln. Nicht gesund, macht schlechten Atem, dafür aber lecker.

betuppen

betrügen, zum Beispiel im Skat. Jemanden über den Tisch ziehen. In der Regel geht es dabei um wenig Geld, oft sogar nur um die Ehre. „Dä Schiri hat uns betuppt. Dat war im Leben nich en Elfer."

betutteln

übergroße Fürsorge für einen Menschen oder ein Tier, das man gern hat. „Willi seine Alte betuttelt ihn vonn morgens bis aams, dat will der garnich. Hätte viel lie-ber seine Ruhe."

Bis die Taage

Abschiedsgruß. Man sieht sich. Ruhrpott-Version von à bientôt.

Blagen

steht für Kinder, vor allem wenn sie nerven. „Sach die Blagen, sie solln ruhich sein. Komm vonne Schicht un muss pennen."

Blase

„die ganze Blase" – damit ist die offenbar wenig geschätzte Verwandtschaft gemeint.

Blödmann / Blödmannsgehilfe

wohltemperierte Beleidigung für jemand, der sich ausgesprochen dumm anstellt. „Blödmannsgehilfe" ist eine weitere Steigerung – also jemand, der zu blöd ist, um als „Blödmann" zu helfen und nur assistieren kann.

bölken

herumschreien, schimpfen, nicht der Situation angemessenes, lautes Reden.
Bei einem Streit „bölken" sich die Streithähne oft an. Auch im Norddeutschen bekannt. Bölkstoff = Bier.

Bömmsken

Bonbons. Mehrzahl „Bömmskes". „Gibbet anne Bude", sprich Trinkhalle, von denen es mehrere tausend im Ruhrgebiet gibt.

Bohei

großes Aufheben um eine Sache machen, die gar nicht so wichtig ist. Ähnlich wie „Wind um etwas machen". „Dä macht vielleicht ein Bohei um dat Laub von sein Nachbarn auffe Einfahrt, dat hälze nich aus." Das Wort kommt vermutlich aus dem Rotwelschen, einer Gaunersprache.

„Anne Bude" trifft man sich gern im Ruhrgebiet. Ein sozialer Ort, der in den letzten Jahren wieder an Bedeutung gewonnen hat. Und der manche an ihre Kindheit samt der „gemischten Tüte" erinnert.

Boh

hat mehrere Bedeutungen. Als Ausruf des Erstaunens oder der Bewunderung. Kommt meist verstärkt als „boh ei" oder „boah" rüber. Oder als Einleitung einer längeren Rede, um das Gesagte zu unterstreichen. „Boh glaubse", beginnt Herbert Knebel jeden seiner Monologe. „Boh glaubse, dat mitti Koronna geht mich auf den Sack. Die Schule is zu, aber die Blagen pöhlen nebenan auffe Wiese. Wat soll dat denn?"

bräsig

in mieser Stimmung sein, schlecht gelaunt, sehr schwerfällig im Denken und Handeln, auch herablassend.

Brass

„voll in Brass" ist, wer seiner Wut, seinem Ärger und Zorn lautstark Ausdruck verleiht. Steht auch für Überlastung bei der Arbeit und im Privaten.

Bratze

Ein Fall für die Gleichstellungsbeauftragte. Als „Bratze" wird von manchen im Ruhrpott eine unansehnliche, ungepflegte Frau bezeichnet. „Bratze" kann aber auch ein Pickel oder eine kleine Wunde sein.

Bubu

Bubu machen = schlafen. Sinnentleert. „Turaluraluralu, ich mach Bubu, was machst Du?" sang auch die legendäre Gruppe Trio.

Trinkhalle, Kiosk. Es wird nicht nur Bier, sondern auch Kaffee getrunken. Im Revier ein sozialer Ort, an dem sich Bewohner aller Schichten eines Viertels mit Brötchen, Zigaretten und Süßigkeiten eindecken und auch mal einen Kaffee trinken. Fast jeder Ruhri denkt gern an die Bude seiner Kindheit zurück, an der es für ein paar Groschen die „gemischte Tüte" gab.

„Eine Bude machen" heißt im Fußballslang: „Toooor". Das Runde hat den Weg ins Eckige geschafft.

Willkommene Erfrischung nach anstrengender Radtour – auch dafür sind die „Büdkes" bestens geeignet.

Bütterken

belegtes, zusammengeklapptes Butterbrot.

Bullemann

keiner hat ihn je gesehen, aber noch jagt er Kleinkindern Angst ein „räum dat Spielzeug wech, sons kommt der Bullemann." Neben der Drohkulisse steht Bullemann aber auch für Nasenpopel.

Bullenkloster

Heim für ledige Männer. Früher lebten unverheiratete Kumpel, die von außerhalb ins Ruhrgebiet gekommen waren, in solchen Heimen. Da staute sich das Testosteron.

Bumsen

An der Ecke hat es gebumst, zwei Autos sind zusammengeprallt. „In den Bums geh ich nich rein" ist zu hören, wenn ein Lokal zu laut, zu teuer oder zu schlecht geführt ist. Bumsen hat also mehrere Deutungen, selbstredend auch eine sexuelle.

Bunken

sich rücksichtslos verhaltende, bildungsferne Gruppe von Leuten, die unangenehm auffallen. Auch Gauner fallen in diese Kategorie.

Buxe

= Hose, meist ist damit eine Jeans gemeint, die meine Omma immer „Texashose" nannte.

Castrop-Rauxel

75 000-Einwohner-Stadt im nördlichen Ruhrgebiet. Der Name wird aus Jux gern als lateinische Übersetzung des angrenzenden Wanne-Eickel bezeichnet, heute ein Stadtteil von Herne.

Cervinski

heißt der Kumpel von Anton. Der Autor Wilhelm Herbert Koch setzte den beiden in den 1950er-Jahren mit seinen Kolumnen ein Denkmal und holte damit die Ruhrgebietssprache aus dem Pütt an die Oberfläche.

Ciska und Anna

Verballhornung der Textilkaufhauskette C & A. Die Initialen stehen vermutlich für die Vornamen der Firmengründer Clemens und August Brenninkmeyer und nicht, wie im Ruhrgebiet gern verbreitet wird, für deren Enkeltöchter Ciska und Anna.

D

Dachschaden

Die kleinen grauen Zellen arbeiten nicht so, wie sie eigentlich sollten.

dackeln

krummbeinig gehen wie ein Dackel. Wer angedackelt kommt, wirkt irgendwie unterwürfig und will etwas von einer anderen Person.

Dadderich

unkontrolliertes Zittern der Hände, macht sich beim Essen, Trinken und Rauchen bemerkbar.

daddeln

bedeutet am Spielautomaten oder Computer zu spielen. Oder nichts auf die Reihe zu kriegen, sprich zum Erfolg zu kommen: „Dä Egon hat schon widder ne Schangse verdaddelt. Er kricht en einfach nich rein."

Chance verdaddelt: Am Flipperautomat geht das ganz schnell. Aber auch im Leben außerhalb der Spielhalle geht einiges daneben.

Dämlack

Bei ihm dauert es etwas länger, bis er begreift. Also ein Trottel.

Dalli

ist vom polnischen „Dalej" (weiter, weiter) abgeleitet, dem Anfeuerungsruf polnischer Wanderarbeiter. „Mach ma dalli" heißt also „Mach voran", „Hau rein" oder „ Beeile dich."

Damm

wer sich nach überstandener Krankheit oder Krise zurückmeldet, „is widder aufm Damm."

Dassel

steht ebenso wie „Deez" für Kopf. „Zieh den Dassel ein, Tür is niedrich." Das Wort Dassel kann aber auch einen schweren Schicksalsschlag bezeichnen. „Als Omma starb, hat Oppa richtich einen vor den Dassel gekricht."

Deckel

Auf dem Deckel werden in der Kneipe die Getränke aufgeschrieben. Und wer zu viel wagt oder das Maul zu weit aufreißt, kriegt eins auf den Deckel. Ist etwas abgeschlossen – Pütts und auch das Leben – kommt ein Deckel drauf.

der die dat,

die drei Artikel in einen Satz zu packen, ist gar nicht so leicht. Der Ruhrgebietler löst es auf elegante Weise: „Unser Mimi kricht en Kind. Der die dat gemacht hat, is wech."

deuen

= leichter Anstoß, um jemanden zu etwas zu ermuntern.

dicht

nicht ganz dicht zu sein heißt, dass jemand Defizite im kognitiven Bereich aufweist, sprich er ist relativ beschränkt in seiner Denkfähigkeit. Der Zustand stellt sich mitunter auch nach übermäßigem Alkoholgenuss ein. „Nach 20 Pils war unser Willi komplätt dicht."

Dier

„dat arme Dier kriegen" beschreibt einen Zustand zwischen Trauer, Verzweiflung, Angst und tiefer Frustration. „Das heulende Elend kriegen" trifft es auch ganz gut.

Dingsbums/Dingenskirchen

„Dingsbums" ist eine Person oder ein Begriff, deren oder dessen Namen einem momentan nicht einfällt. Gleiches gilt für „Dingenskirchen" – Synonym für den Namen des Ortes, den man vergessen hat. Es gibt keine Kommune mit diesem Namen. Was auch für Hintertupfingen gilt. Posemuckel ist dagegen der deutsche Name eines Dörfchens in Westpolen. Entlegene Orte liegen für den Ruhrgebietler entweder in der Prärie oder Pampa, in der Walachei oder am Arsch der Welt.

Dönekes

kleine, meist witzige Erzählung aus der eigenen, glorreichen Vergangenheit, gewürzt mit sanfter Übertreibung. Geht es um andere Personen, ist oft eine gewisse Schadenfreude im Spiel.

döppen

jemanden unter Wasser drücken – als Scherz gemeint, nicht als Attacke. Erbsen werden dagegen aus der Schale „gedöppt".

Döppken

niedlicher kleiner Junge

dösig

jemand ist unterbelichtet und umständlich. Oder etwas gefällt oder funktioniert nicht. „Dat dösige Bild geht mich schon lange aufn Wecker."
„Döspaddel" ist nicht wirklich aggressiv, eher eine freundschaftliche Ermahnung, wenn sich leicht trottelige Zeitgenossen ungeschickt angestellt haben.

Dresche

dabei wird das Korn mit dem Dreschflegel aus der Ähre geklopft. „Dresche", sprich eine Tracht Prügel, gab es auch, wenn beim Fußball im Innenhof mal wieder eine Scheibe zu Bruch gegangen war.

dröppeln

„et fängt am dröppeln" = Beginn eines leichten Regens. Während des Regens sagt man dann „et is am fisseln".

Dröppelminna

bauchige, große Kaffeekanne aus Zinn, oft mit Abtropfschwamm. Oder eine Art Samowar.

Bedröppelt schaut die Dröppelminna eigentlich gar nicht aus.

Dubbel

zusammengeklapptes Butterbrot, wird auch Knifte genannt.

Dünnpfiff

Durchfall, wird auch als „flotten Otto" beschrieben.

ziemlich betrunken sein. „Anton war gestern total duhn. Eins von seine 20 Pilskes war wohl schlecht."

durch haben

ein Buch von Anfang bis Ende gelesen haben. Oder eine Aufgabe ordentlich erledigt zu haben: „Ich bin getz damit durrch."

Dussel / Dusseldier

vergessliche, geistesabwesende Person, die mit ihrer Schlafmützigkeit sich selbst oder andere gefährdet hat. „Pass doch auf, du Dussel", heißt es häufig beim Autofahren. Ein „Dusseldier" stellt sich grundsätzlich trotteliger an als andere.

E

ebent

gilt a) für eine kurze Zeitspanne „bin mal ebent wech" und b) zur Bekräftigung. Unvergesslich: Ein Sketch von und mit Diether Krebs, der im Fleischerladen handelt. „Ich hätte gern en Pfund Nackent" – „dat heißt Nacken" – „ebent."

echt

klassisches Bestätigungswort, mit dem Fakten und Annahmen nochmal verstärkt werden. „Der Willi is echt gut im Tor."
Will man die reine, unverfälschte Wahrheit wissen, heißt es „getz aber in echt."

Ecke

großer, stabil gebauter Mann, dem allein für seine körperliche Präsenz Respekt entgegengebracht wird. „Der Libero von die war vielleicht ne Ecke, der haute alles wech."

Ei

dickes Ei = schwerer Fehler oder Unverschämtheit. „Son Ei dufte der Torwart nich reinlassen."
Schlechter Plan, unfähige Akteure, wertloses Zeug = „Da kannzen Ei draufschlagen."
Blödsinnige Aussage, Lüge = „un en Ei aussem Konsum."

einkriegen

sich beruhigen, zum ausgeglichenen Gemütszustand zurückkehren „Wir krichten uns vor Lachen nicht mer ein."

Eierberg

Puff, Bordell, Freudenhaus, Nuttenbunker – auf jeden
Fall wird hier für Sex bezahlt.

einstielen

ein Vorhaben in Gang bringen und gleich zu Beginn
die richtigen Schritte tun. „Wie unser Hebbert dat mit
die neue Wohnung eingestielt hat, dat war astrein."

Erpel

Damit ist nicht der Enterich gemeint, sondern die ge-
meine Kartoffel. Sie wird gern und oft zu „Erpel-
schlut" = Kartoffelsalat verarbeitet.

Eschek

unsympathischer Typ mit unklaren Absichten

Essig

„Damit ist Essig" – eine Sache ist komplett geschei-
tert. Vielleicht eine Analogie zu vergorenem Wein.

Eumel

freundliche Bezeichnung für tapsigen, trotteligen, aber
letztlich sympathischen Zeitgenossen. Aber auch kleinere Kinder werden „Eumel" genannt.

Ey

Ob als Ansprache, Warnruf, Lockruf, Laut des Erstau-
nens – ein dem Satz vorangestelltes „ey" passt immer.
„Ey, gee mit dein Äds von meine Wiese" sagte einst
Teddy, der Bademeister vom Rocktheater N8schicht.

F

fegen

Ohrfeige verabreichen, schlagen: „Du kriss gleich eine gefegt" war früher die häufig benutzte Androhung einer erzieherischen Maßnahme.

Ferken

kleines Schwein. „Ferkeskopp" = unlauterer Charakter

Fez

Unsinn, unnötiges Aufsehen – „Mach hier nich son Fez." Was der Begriff mit dem nach der Stadt Fes in Marokko benannten Hut zu tun hat, weiß wohl niemand.

ficken/fickerich

steht nicht nur als Vulgärausdruck für Sex, sondern auch für eine deutliche Über- oder Unterlegenheit. „Vier null schon vor de Halbzeit. Kär wat hamwer die gefickt." „Fickerich" ist jemand, der einen unruhigen, nervösen und unkonzentrierten Eindruck hinterlässt.

fies vor etwas sein

Ekel, Abscheu. „Hirn kannze alleine essen, da bin ich fies vor."

Fiffi

künstliches Haarteil, das als solches leicht erkennbar ist.

finito

Ende, Schluss, Aus

finnig

clever, listig, durchtrieben. „Unser Willi is en ganz Finnigen. Wie dat widder hingekricht hat."

fisseln

feiner Regen

Fisematenten

Dummheiten, Unfug, bewusste Regelverstöße. „Mach mich keine Fisematenten" heißt so viel wie „mach bloß keinen Ärger". Der Ursprung liegt wohl in den Revolutionskriegen Ende des 18. Jahrhunderts, als französische Besatzungssoldaten junge Mädchen auf- forderten, sie in ihrem Zelt zu besuchen „visitez ma tente" und deren Mütter damit in Angst und Schre- cken versetzten.

Fitsch

guter Deal, preiswerter Kauf, Schnapper. „Hab bei Karstadt en tollen Fitsch gemacht."

fitschen

schnell zu einem definierten Ziel laufen: „Fitsch ma ebent anne Bude und hol Zaretten."

Flappmann

Trottel, nicht ernst zu nehmen

Flatschen

großer, unansehnlicher Fleck auf Kleidung oder Auto, verursacht durch Vögel oder Dreck. Manchmal auch im Gesicht. „Watt hasse denn da fürn Flatschen auffe Nase?"

Flattermann

Brathähnchen. Bei enormer Zähigkeit auch „Gummi-adler" genannt.

Flattermann steht aber auch für große Nervosität oder unübersehbare Entzugserscheinungen. Ohne „Mann" ist damit ein plötzlicher Weggang gemeint „Ich mach getz die Flatter."

Fleppe

Führerschein. Aber auch beleidigter Gesichtsausdruck. „Zieh nich sonne Fleppe. Is doch allet paletti."

Fletsche / Fletschauge

Gummischleuder, mit der kleine Papierkügelchen oder Steinchen verschossen werden. Hat schon manchen Schaden an Menschen und Material verursacht.

Fletschauge ist ein geschwollenes, manchmal auch blaues Auge. Entsteht nicht nur durch Fremdeinwirkung, kann sich auch um eine Entzündung handeln.

Flörch

ausgespuckter Hustenschleim. Wer das in Singapur wagt, muss kräftig dafür zahlen. Bei uns leider nicht.

Flummi

Beliebtes Kinderspielzeig. Ein Ball aus Hartgummi, der im gleichen Tempo zurückfliegt, mit dem er gegen die Wand oder auf den Boden geworfen wurde.

Fluppe

Zigarette

fluppen

etwas geht mühelos über die Bühne, läuft wie geschmiert.

auch „Futt" genannt = Hintern. „Du kriss gleich watt
auffe Fott",wurde früher Kindern gedroht. In Zusam-
mensetzungen steht es für Menschen mit bestimmten
Eigenheiten. „Hundsfott" = schlechter Charakter,
„Meckerfott" = chronischer Nörgler. „Rappelfott" =
unruhiger, übernervöser Mensch, „Gibbelfott" = ständig kichernde Frau. Und dann gibt es noch das Kin-
derlied „Ri Ra Runkel, inne Hühnerfott isset dunkel."

Fottfinger

schmutzige Hände. „Nimm deine Fottfinger von mein
Auto."

fratze

kaputt, nicht mehr zu gebrauchen

Fresse

hat mehrere Bedeutungen.
1. Gesicht, Visage – sind die Gesichtszüge nicht sonderlich ästhetisch, wird gern von „Hackfresse" gere-
det.
2. Aufforderung, endlich still zu sein. „Halt jetzt endlich die Fresse!"
3. Ausruf des Ärgers oder des Erschreckens, mitunter
auch der Bewunderung. „Meine Fresse" ist oft zu
hören.
4. Drohung. „Du kriss gleich wat auf die Fresse,
wenne nich damit aufhörs."
5. Gut gemeinter Rat, der in vielen Situationen hilft:
„Einfach mal die Fresse halten."

frickeln, friemeln

kleinteiliges Arbeiten, basteln, entwirren. Nix für Grobmotoriker.

Frierpitter

Mensch, dem schnell kalt ist und der Raumtemperaturen weit über 20 Grad bevorzugt.

fudeln

falsch spielen, aber auch bewusst falsche Angaben machen. „Mit ihren Alter hat Inge gefudelt, wennse en Kerl wollte."

Füße, anne

wenn einer „wat anne Füße hat", ist er offenbar gut situiert und hat keine finanziellen Probleme. Der Reichtum beruht dabei auf Familienvermögen, weniger auf schnellem Geld.

Funzel

schwache Lichtquelle, aber auch langsamer und langweiliger Mensch, der oft auch „Tranfunzel" genannt wird.

Furz / Furzknoten

ursprünglich Flatulenz, auch Pups genannt. Bezeichnet aber ganz andere Dinge. Hat jemand einen „Furz quersitzen", handelt es sich um einen unausgesprochenen Ärger über eine Person oder einen Vorgang oder um eine leichte Unpässlichkeit. Steht auch für maßloses Übertreiben „Karl reecht sich über jeden Furz auf, dat is nich auszuhalten" oder absolute Bedeutungslosigkeit „wie en Furz im Wind". „Furzknoten" ist abwertend für kleinere Personen, die man nicht für voll nimmt. „Furzkanone" = Dauerpupser, „Furzmulde" = Bett.

futsch / futschikato

Alles weg. Nicht mehr da

Fuzzi

merkwürdiger Typ, den man nicht ernst nehmen muss.
Die Figur stammt aus einer US-Westernserie. Altern-
der Cowboy mit Krächzstimme und stets mit einem
guten Spruch auf den Lippen.

Was haben der „Ruhrpott-Fuzzi" und der „Western-Fuzzi" gemeinsam?
Niemand nimmt sie so recht ernst. Die Sympathien liegen aber eindeutig
beim Mann aus dem Wilden Westen.

G

Galoschen
Stiefel, aber auch Schuhe

Ganeff
Gauner. Begriff ist aber kaum noch zu hören.

gebongt
einverstanden, keine Einwände. „Is gebongt. Wir kommen morgen und machen dich dat fettich."

Gebrassel
viel Arbeit, große Hektik – Ausgang noch ungewiss

Gedeck
Getränkekombi in Nachtbars oder Diskos, damit sich die Besucher nicht an einem Glas festhalten. Klassiker ist das „Herrengedeck" = ein Pils, ein Korn.

geiern/Geierabend
laut lachen, oft auf Kosten anderer. Beim „Geierabend" stehen die besten Ruhr-Comedians auf der Bühne.

Geleucht
Grubenlampe des Bergmanns

Gequetschte
Centbeträge hinter einer größeren Summe, die der Einfachheit halber nicht mehr genannt werden. „Watt hasse für die Joppe gelöhnt?" „Hundertzwanzich un en paar Gequetschte."

Gerät
heißes Gerät. Anerkennende Bezeichnung für sexuell anziehende Frau

Der „Geierabend" ist eine Art Hochamt des Ruhrpott-Humors, an dem bekannte Comedians (hier Ingo Lück) mitwirken. Dabei wird der „Pannekopp des Jahres" an Prominenz aus Politik und Unterhaltung verliehen.

Gereck

langer, dürrer Typ.

geschenkt!

den Rest des Vortrags kannst Du dir sparen, jedes weitere Wort ist überflüssig.

Geschiss

Ärger. Unnötiges Aufheben

Geschoss

hochdosiertes Medikament, z.B. Antibiotikum. Aber auch sehr attraktive Frau.

Gesocks / Gezumpel

soziale, bildungsferne Unterschicht. Pack. Siehe auch Bunken.

getz

jetzt, in diesem Augenblick. „Getz abba mit Schmackes" = neuer Versuch mit mehr Schwung.

gibbeln

albern kichern. Mädchen, die ständig hinter vorgehaltener Hand kichern, nennt man auch „Gibbeltanten". Heute wird meist via Smartphone „gegibbelt".

glatt

total, tatsächlich. „Die hamwer glatt weggehaun." „Habich doch glatt vergessen."

Glocken

schmerzhafter, den Ausgang bestimmender Schlag „dä hat ihm voll auffe Glocke gehaun."
Steht aber auch für üppige weibliche Brüste.

göbeln

sich übergeben

Graf Koks vonne Gasanstalt

Angeber, Aufschneider. Tut so, als sei er was Besseres.
Eine der imaginären Figuren des Reviers, ähnlich wie
„Leo vonne Pelzwiese" oder „Elli Pirelli."

Granate

Flasche Bier, knallharter Schuss aufs Tor, sehr attraktive Frau

Gulpopo

Verballhornung von Gulasch

Gurke, gurken

1. alter, nicht mehr wertvoller Gegenstand. „Hasse die
alte Gurke noch weggekricht?"
2. Bordell, Puff
3. Irgendwo hinfahren „da sinnwer noch schnell zum
Willfrid gegurkt."
4. Schlechtes Fußballspiel: „War datt en Gegurke."

gut

mehr als genug, voll, gelungene Aktion. „Da hasse
mich abba gut eingeschüttet." Oder: „Den hasse gut
ein mitgegeben."

Hacke

beliebtes Wort, um einen negativen Zustand zu be-
schreiben. Hat mit der empfindlichen Ferse nix zu tun.
„Verdammte Hacke" oder „ich glaub et hackt" sind
häufig benutzt Flüche. Hat jemand zuviel getrunken,
hat er die „Hacken voll" oder ist „hackedicht". „Vor
der Hacke isset duster" wussten früher die Bergleute,
die mit der Spitzhacke in unbekanntes Terrain vor-
drangen – man weiß nie, auf was da noch kommt,
welche Gefahren drohen.

Vor der Hacke ist es duster, weiß der Kumpel. Bis weit in die 1930er-
Jahre des 20. Jahrhunderts war der Beruf des Bergmanns extrem gefährlich.

Händedruck, feucht

Dankes- oder Ehrenbezeugung für jemanden, der sich
für seine Tat mehr versprochen hatte. „Hab mich den
Arsch für den Laden aufgerissen, Maloche ohne Ende.
Watt happich gekricht: En feuchten Händedruck."

Hängen

jemanden „hängen lassen" heißt, ihm nicht aus einer
prekären Lage zu helfen. Hängen im Schacht kommt
ursprünglich aus dem Bergbau und drückt aus, das
nichts mehr geht. Ende, Aus, Nikolaus.

halblang

„machma halblang" – jetzt übertreib nich so, rech
dich nich so auf, komma runter"

Hallas

Lärm, Ärger, unnötiger Aufwand

Hammer

Überraschendes Ereignis, das einen erfreut oder auch
traurig macht. „Der frühe Tod von mein Vatter, dat
war en Hammer." Die Knappen haben „hammer-
mäßig" gekickt. „Hammer" kann auch ein strammer
Schuss oder – beim Boxen – ein harter Schlag sein.

Harry

keiner weiß, um welchen Harry es sich handelt. Aber
er muss stets herhalten, wenn etwas sehr schlimm war
oder intensiv empfunden wurde. „Hab mich den Zin-
ken gestoßen. Hat geblutet wie Harry."

Hauer

Beruf unter Tage. Gemeint sind in der Regel aber große, vorstehende Zähne.

Hausnummer

ungefähre Preisvorstellung. „Nich meine Hausnummer" heißt zudem, wir passen nicht zusammen.

Hebbert

heißt eigentlich Herbert. Man weiß, wer gemeint ist.

Heiermann

So wurde zu D-Mark-Zeiten das Fünfmarkstück genannt.

Es gibt Gerüchte, nach denen Heino mit diesem Heiermann tatsächlich bezahlen wollte.

Heiopei

verächtlich für einen unzuverlässigen, nicht ernst zu
nehmenden Menschen.

Hickeschlick

Hartnäckiger Schluckauf. Am besten die Luft anhalten

Hippe

viele Bergleute hielten sich früher eine Ziege, „Hippe"
genannt. Mit „dürre Hippe" werden auch sehr
schlanke Mannequins tituliert.

Hucke

eigentlich der Buckel. Man „säuft sich aber auch die
Hucke voll" oder kriegt die „Hucke vollgehaun."
Hucke steht aber auch für kleines Zimmer oder kleine
Wohnung. „Die Hucke unterm Dach kannze haben."
Huckelig = uneben.

Hulle

drückt einen extremen Zustand aus. „Paul wa widder
voll wie Hulle".
Oder „hat geplästert wie Hulle."

inschuld

inschuld zu sein ist eine grammatikalische Feinheit der Region und bezeichnet ein fehlerhaftes Verhalten. „Watt säufze auch so viel, selbst inschuld."

intus

heißt umgangssprachlich etwas kapiert zu haben, zum Beispiel einen komplizierten Rechenweg. „Hasset getz intus?". Steht aber auch für reichlichen Alkoholgenuss. „Ich hab ein intus" sagt der Mann an der Theke nach dem sechsten Korn. Fazit: In beiden Fällen ist etwas verinnerlicht worden.

Ische

abwertendes Wort für Mädchen, ähnlich wie Macker für Männer

is nich

gibt es nicht mehr, findet nicht statt. „Panhas is nich mehr. War früh alles wech."

jaa nich

„Komm mich jaa nich auf die Tour".
Warnung an Kinder oder Bekannte, sich an die Regeln
zu halten.

Jacke wie Hose

Schietegal

jucken

natürlich in erster Linie eine Hautreizung. Aber auch
der Drang, ein Projekt zu beginnen. „Datt juckt mich
inne Finger". Oder, im Sinne von „das interessiert
doch keinen" die Äußerung „Wen juckt dat schon."

J

K

Kabache

altes, abgewohntes Haus. Vielleicht sogar Ruine.

Kabäusken, Kabuff

stehen allesamt für kleine, unansehnliche Zimmer. Manchmal sind es auch nur Abstellkammern oder Verschläge. „Tu den Koffer in dat Kabuff. Da isser aussem Blick."

kacheln

1. Sehr schnell fahren
2. Starker Wind

Kack, Kacke

immer negativ belegt. Steht für ärgerlich, überflüssig, unansehnlich, konfliktreich. „Inne Firma is die Kacke am Dampfen" (Krisensituation), „Hau nich so auffe Kacke" (Übertreibung), „am kacken halten" (finanzielle Unterstützung), „verdammte Kacke" (Ärger, Fluch). „Kackstelzen" = Beine.

Kalabreser

großes Gerät oder Gegenstand. Wort stammt aus Kalabrien.

Ka(r)muffel

trotteliger, etwas einfältiger Mensch, dem man nicht wirklich böse ist. Auch „Kamuffeltier".

Kanacken

Schimpfwort für Fremde. Obwohl im Ruhrpott an-
fangs jeder ein Fremder war, wurden die neu Hinzuge-
zogenen oft als „Kuffnucken" oder „Paselacken"
herabgewürdigt, obwohl niemand genau wusste, was
das eigentlich bedeutet. Kanacken waren übrigens die
Ureinwohner von Hawaii.

Kanne

1. Flasche Bier
2. Volle Kanne = mit hohem Tempo

Kante

1. Großer, starker Mann
2. Klare Kante zeigen = eindeutige Position beziehen
3. Zustand der Volltrunkenheit. „Dä Didder hat sich
gestern widder die Kante gegeben. Datt geht auf
Dauer nich gut."

kapaaftich

mit einer schwungvollen, entschlossenen Bewegung.
„Happich ihn kapaaftich eine reingehaun."

kapito

heißt „hasse verstanden? Oder bisse schwer von
Kapee?" Frage an etwas schwergängige Typen.

kaputtschreiben

frühzeitige Verrentung aus medizinischen Gründen

hier duschte der Kumpel nach der Schicht. In der Schwarzkaue hingen seine Arbeitskleidung, in der Weißkaue seine privaten Sachen.

In der Schwarzkaue wuschen die Kumpel den Kohlenstaub ab. In der Weißkaue schlüpften sie dann in die Alltagskleidung.

Kawenzmann

großer, schwerer Mensch. Kann aber auch ein riesiger
Gegenstand sein.
Seeleute sprechen bei „Kawenzmann" von einer
Monsterwelle.

Kawenzmann mal anders. An der Küste versteht man darunter eine Riesenwelle, im Ruhrgebiet ein sehr großes Teil.

Keife

Auf Keife heißt auf Pump oder auf Raten. Auf jeden
Fall geht es um Schulden.

Kerl inne Kiste

Steht für Überraschung und Verwunderung, aber auch
für sanfte Kritik. „Kerl (oder Kär) inne Kiste, wie
kann man nur so blöd sein."

kiebig

verärgert, wütend, aggressiv

Killefitt

Blödsinn, dummes Zeug, voll daneben

Kimme

Damit ist nicht die Zielvorrichtung einer Schusswaffe gemeint. Sondern die Po-Spalte.

klamüsern

entwirren, vor sich hinbasteln, jemandem etwas Kompliziertes erklären

Klaue

Unleserliche Handschrift. „Dä Willi mit seine Sauklaue. Kann doch kein Aas lesen."

Klebe

Strammer, satter Schuss. Berühmt wurde „Emmas linke Klebe", mit dem der Dortmunder Lothar Emmerich bei der WM 1966 ein bis heute unvergessenes Tor aus unmöglichem Winkel erzielte. Von „Emma" stammt auch der Spruch „Gib mich die Kirsche", mit dem er den Ball forderte.

Kletschkopp, kletschig

Mann mit fettigen oder gegelten Haaren. Im plötzlich einsetzenden Regen wird man kletschnass. Und der innen feuchte Kuchen wird „kletschig" genannt.

Klitsche

kleiner Betrieb, kleines Haus

Da ist sie, die berühmte „linke Klebe" von Lothar Emmerich, genannt „Emma". Bei der WM 1966 erzielte er damit im Villa Park von Birmingham aus unmöglichem Winkel den wichtigen Ausgleich zum 1:1 gegen Spanien. Deutschland gewann schließlich durch ein Tor von Uwe Seeler mit 2:1.

Klops

witzige, aber oft auch dumme oder unpassende Bemerkung. Unangemessenes Verhalten, mitunter peinlich. „So kann dat nich weitergeen. Dä macht ein
Klops nachm anderen."

Klümpkes

unverpackte Bonbons, die es an der Klümpkesbude =
Trinkhalle gibt. Einen kleinen, unbedeutenden Fuß-
ballverein nennt man auch „Klümpkesclub".

Klüngelskerl

fährt im Sprinter oder Klein-Lkw durch die Straßen und
holt Altmetall ab. Hofft auf steigende Schrottpreise. Als
„Klüngel" werden alte Kleider und Lumpen bezeichnet.

Klüsen

Verschwollene Augen nach einer durchzechten Nacht

Knäppchen

Anfangs- und Endstück eines Brotes. Aber auch Kurz-
haarschnitt.

knacken

1. Ausgiebig schlafen. 2. „lass knacken" = fang an, leg
los, hau rein.

Knatsch, Knies

Streit. „Willi und Ährwin ham schon widder
Knatsch." Knies ist auch eine Form von Streit. Meist
haben Ehepaare und Arbeitskollegen Knies, weil sie
dicht aufeinander hocken. Knies ist aber auch anhaf-
tender Dreck.

knibbeln

kleine Teilchen abreißen, zum Beispiel von Finger-
nägeln oder vom Wundschorf.
„Hör auf mit knibbeln, fängt dat widder am Bluten."

knickerig, kniepig

geizig, knauserig

knöttern

herummeckern. Schlechte Stimmung verbreiten.

knubbeln

Handfester Austausch von Zärtlichkeit. Aber auch
Ausdruck von Terminnot.
„Bei mich knubbeln sich die Arbeiten. Alle wollen
watt."

knülle

1. Ziemlich betrunken sein. 2. Sehr erschöpft sein.
„Mann war ich knülle. Zehn Stunden Maloche ohne
Pause, datt hälze nich tagelang aus."

knuselig

unansehnlich, ungepflegt

kodderich

sich schlecht fühlen. Übelkeit.

Köttel

Verniedlichungsform eines ausgeformten Stoffwechsel-
produktes von Mensch oder Tier. Köttel ist aber auch
eine liebevolle Bezeichnung für ein kleineres Kind.

Obenerdiger, betonierter Abwasserkanal, in dem auch Kot schwamm. Lange war die Emscher ein auf diese Weise degradierter, vergewaltigter Fluss. Jetzt werden die Abwässer durch ein unterirdisches Rohrsystem zu den Kläranlagen und dann in den Rhein geführt und die Emscher aus ihrem Betonbett befreit.

Lebensgefährlich – wegen der Rutschgefahr – war das Spielen an der Emscher, die viele Jahrzehnte als offener Abwasserkanal missbraucht wurde. Inzwischen fließt das Abwasser tief unter der Erde in einem gigantischen Röhrensystem und der Fluss wird renaturiert.

Kokoschinski

Auch eine imaginäre Revier-Figur, dieser Herr:
„Mein lieber Kokoschinski" kann als Ausdruck der Überraschung und Bewunderung,
aber auch als Warnung gemeint sein.

Kolonie oder Kollenie

Zechen- oder Werkssiedlung mit Ziegelhäusern
samt Garten.

Hart und entbehrungsreich war das Leben in der „Kollenie". Trotzdem
waren die oft sehr kinderreichen Familien froh, ein eigenes Haus mit Garten
zu haben. Oft gehörten eine Ziege oder sogar ein Schwein mit zum Haushalt.

kondom

„da gee ich mit Sie kondom" = da sind wir uns einig.
Beliebter Wortwitz.

Korona

hat nix mit Covid-19 zu tun, sondern steht im Revier
für Anhang oder fröhlich gestimmte Gruppe:
„Kommze mitti ganze Korona zu Omma ihr Geburtstach?"

Kralle, krallen

1. „bar auffe Kralle" = Barzahlung in die Hand
2. „Nix auffe Kralle haben" = kein Geld
3. Etwas oder jemanden erringen und festhalten.
„Unser Erna hat sich ihren Willi gleich gekrallt. Muss
Liebe sein."

Krampe

1. gebogener U-förmiger Nagel mit zwei Spitzen
2. Versager. „Mit die Krampe im Tor brauchse gar
nich erst auflaufen."

Kranenberger

Leitungswasser

Krauter

kleiner Handwerksbetrieb. Oft im Hinterhof angesie-
delt.

Krawallschachtel

Frau, die gern und oft aus geringstem Anlass mit anderen streitet.

kröchen

übler Hustenanfall, mitunter bedingt durch jahrzehntelanges Rauchen.

krösen

rumkrösen, ungezielte Beschäftigung, herumkramen.

Krösken

Liebesbeziehung, die diskret gemanagt wird. Oft sind beide Partner anderweitig verheiratet.

Kröten

steht wertfrei für kleine Kinder. Und für wenig Geld: „Watt soll ich mit die paar Kröten anfangen. Hatz IV is scheiße."

krüsselig, Krüsselkopp

lockig, gewellte Haare. Krüsselkopp ist ein Lockenkopf. Bestes Beispiel: Atze Schröder.

Atze Schröder ist wohl der bekannteste „Krüsselkopp" der Republik. Man weiß von ihm nur, dass er in Essen lebt. Seinen echten Namen und sein normales Aussehen hält der Comedian streng geheim.

Kurzer

damit ist ein kleinerer Junge gemeint. Aber auch ein Pinneken Korn zum Pils.

Kusselkopp

Rolle vorwärts, Purzelbaum

Kroppzeuch

wertloser Kram

Krücke, krücken

Versager im Sport. Krücken = hart arbeiten.

labberig

bezieht sich vor allem auf Lebensmittel, die zu weich oder breiig geworden sind: „Mit son labberigen Blumenkool kannze mich jagen."

labern

nicht auf den Kern der Sache kommen, umständlich, oft auch sinnentleert daherreden.
„Laberkopp" oder „Labertasche" werden solche Leute genannt. Sie versuchen, anderen „ne Klinke anne Backe zu labern."

Lärri

Weit verbreitetes Synonym für jemanden, der ausgenutzt oder lächerlich gemacht wurde.
„Versuch ja nich, mich zum Lärri zu machen". Steht auch für Angeber.

Läuseharke

Taschenkamm. Die wirkliche Läuseharke zur Bekämpfung von Kopfläusen gibt es in der Apotheke.

Lalla

Musik. „Mamma Lalla" ist eine sehr knappe Aufforderung, für musikalische Unterhaltung zu sorgen. Früher wurde dann WDR 4 eingeschaltet.

Lamäng

kommt von La main (Hand). Ruhrgebiets-Französisch. Jemand macht etwas „ausse Lamäng", also ohne Vorbereitung, spontan, aus dem Stegreif.

Langen

Anrede für einen groß gewachsenen Mann. „Eh Langen, wie isset dich?"

lang machen

heftiger Tadel, harte Ansage aufgrund eines Fehlers, harte Arbeit

Lappes

nicht ernst zu nehmender Mensch, der gern Unsinn redet. Einem „Lappes" schlägt eine gewisse Verachtung entgegen.

Latte, Lattenschuss

„Hasse nich mehr alle auffe Latte?", fragt der Reviermensch, wenn er an Verstand und Vernunft seines Gegenübers zweifelt. „Du hass doch en Lattenschuss" lautet die weitere Steigerung. Ruhrgebiet ist halt Fußballland.

Latüchte

Laterne, Lampe

Latz, latzen

„Gleich krisse ein vorn Latz" heißt nichts anderes als „gleich hau ich Dir eine rein". Hat also nichts mit Schlabberlatz zu tun. „Latzen" steht für bezahlen. Aber nur, wenn ein gewisser Zwang dahintersteht.

lau

hier geht es nicht um eine Temperatur irgendwo zwischen heiß und kalt. „Für lau" heißt gratis, umsonst. „Lauschepper" und „Laumänner" sind Schnorrer und Absahner, die Vorteile haben wollen, ohne etwas dafür zu leisten.

lecker

hat viele Bedeutungen. Schön, ziemlich, sehr, wohl-
schmeckend. „Lecker warm hier" oder „lecker Pilsken
kommt immer gut". Auch im Rheinland ein beliebter
Ausdruck. „Blootwoosch, Kölsch und e lecker Mäd-
che" sangen de Höhner 1998.

Leo

„Ich bin doch nich der Leo", sagt der Revierbürger,
wenn er etwas empört zurückweist oder den Eindruck
hat, hinters Licht geführt zu werden. „Verarschen
kannich mich selbst" trifft es auch. „Leo" brüllt der
Fußballtorwart, damit seine Vorderleute aus dem Weg
gehen. Der Warnruf ist auch angebracht, wenn ein
Gegenspieler im Rücken des Ballführenden auftaucht.

Löwenköttel

Frikadelle

Lorbas, auch Lorbass

das Wort wurde von den vielen ostpreussischen Zu-
wanderern während der Industrialisierung ins Revier
getragen und steht für Taugenichts oder Lümmel, dem
man wegen seiner Schlitzohrigkeit oder seines
Charmes nicht wirklich böse sein kann.

Lorenz

Die Sonne. „Kär watt scheint der Lorenz heut widder."

los

offen, geöffnet ist eine der vielen Bedeutungen. „Mamma die Tür los", heißt „öffne endlich die Tür". Aber auch reges Treiben, gute Stimmung – oder das Gegenteil. „Hat Karstadt schon los?", fragt der City-Bummler. „Inne Hellwech-Stube war gestern nix los", berichtet der Gast. Wer sich schlapp und elend fühlt, klagt schon mal „mit mich is heute nix los."

Lümmeltüte

Kondom, Präservativ, Pariser – freie Auswahl.

lünkern

vorsichtig um die Ecke schauen. Dabei möglichst nicht entdeckt werden.

Lusche

Nichtskönner. Minderleister. Neudeutsch: low performer

Malässe, Malesten

auch hier lässt der Ruhri wieder seine Frankophilität durchblicken. Kommt von frz. Malaise = Unwohlsein, Unbehagen oder malade = krank. „Hab widder Malässe mitti Knochen. Vertraach die Kälte nich."

Maloche

typisches Ruhrgebietswort, steht für schwere Arbeit, ähnlich wie ackern, wullachen, ranklotzen usw. Damit wird auch die Arbeitsstelle genannt, „Bin auffe Maloche."

Bergleute auf dem Weg zur Arbeit, zur Maloche. Der Förderkorb, der sie in die Tiefe bringt, ist vermutlich nicht weit entfernt.

mampfen

essen auf wenig vornehme Art

mamma

warum soll man „mach mal" sagen, wenn „mamma"
doch schneller geht. „Madomma" (mach doch mal)
hat aber nix mit Madonna zu tun.

Manni

Gebräuchliche Abkürzung für Manfred

Mannomann, Mannometer, Manno

Ausruf des Erstaunens oder der Bewunderung. Aber
auch des Protestes: „Mannomann. Lass mich in Ruh
mit den Scheiss."

Mantateller, Mantaschale

Nationalgericht zwischen Unna und Duisburg = Currywurst mit Pommes rot-weiß, auch Pommes
Schranke genannt. Wer den Ketchup nicht will, be-
stellt CPM (Currywurst, Pommes, Mayo). Klingt wie
ein neuartiges Virus, sorgt aber für wohlige Sattheit.
Und ein schlechtes Gewissen, weil man im Kampf
gegen das Hüftgold schon wieder eine Runde verloren
hat.

Matratzenhorchdienst

„anne Matratze horchen" = schlafen

mau und Mau-Mau

1. Mäßig, schwach „Et sieht mau aus."
2. Obdachlosenviertel

Mauken

Füße. Meist werden Schweißfüße als Käsemauken bezeichnet.

Mecki

kurzer Haarschnitt, sowohl bei Frauen als auch bei
Männern. Angelehnt an den Igel aus dem Mecki-
Comic.

Stilbildend: Die aus einem Comic stammende Mecki-Figur. Die Igel-Fri-
sur machte in den 1960er-Jahren Furore. Viele Frauen trugen damals
einen „Mecki". Aber auch wenige Männer.

minnigens

mindestens

Mischpoke

kommt aus dem Jiddischen, das damit die gesamte Verwandtschaft meint. Bei uns wird das Wort gern abschätzig für eine Gruppe verwendet, mit der man lieber nichts zu tun haben möchte, weil man ihre Vorstellungen nicht teilt. „Dat Schulfest war so schön, bis die ganze Partei-Mischpoke auftauchte un über Polletik reden wollte."

Möpse

pralle Brüste, aber auch Geld

Monte Schlacko

Kohlenhalde. Fast alle Halden sind begrünt, durch ein Wegenetz erschlossen und gelten als Landmarken und Ausflugsziele. Auf dem Rücken vieler Halden wurden Kunstwerke installiert, zum Beispiel auf der Halde Beckstraße in Bottrop (Tetraeder) oder Hoheward in Herten (Horizontobservatorium).

Der Tetraeder steht auf solch einem „Monte Schlacko", nämlich der Halde Beckstraße in Bottrop. Die begehbare, über 50 Meter hohe Skulptur ähnelt einer durchsichtigen Pyramide und gehört zu den bekanntesten Standorten der Industriekultur.

Moppen, moppern

Moppen stehen für Geld. Wie Kohle, Knete, Moos, Zaster und all die anderen Begriffe. Moppern = ständig Kritik an etwas üben, ohne ganz konkret zu werden. „Kä der Ährwinn geht mich aufn Sack. Dä ist ja nur am moppern.“

Mottek

stammt aus dem Polnischen und bedeutet Hammer.

Motten

damit sind keine Insekten gemeint. Wer sagt „ich krich die Mottn“, hat sich kräftig geärgert oder ist überrascht worden. Mit „Motten“ wird aber auch eine schwere Bronchitis bezeichnet.

Muckefuck

Kaffeeersatz oder sehr dünner Kaffee. Bevor das Wirtschaftswunder in den 1950er-Jahren einsetzte, ein sehr gängiges Getränk, denn für den Super-Arabica aus dem äthiopischen Hochland hatte kaum jemand Geld. Der Euphemismus lautet „Blümchenkaffee“, weil er so dünn war, dass man die Blümchenmuster der Tasse erkennen konnte.

Muffe, Muffensausen

große Angst, Sorge. „Den Fritz schälen se morgen de Prostatta. Dem geht die Muffe 1 zu 1000, weil er nich weiss, watt danach mit ihn los is.“
Als Muffe wird der Abschluss eines Abflussrohres bezeichnet, in dem es manchmal kräftig rumort. So wie bei Menschen, denen die Furcht auf den Darm schlägt.

muffig, Muffkopp

1. Ungelüftet, schlecht riechend
2. Übel gelaunt, miesepetrig, „Den Muffkopp brauchze gar nich ers fraagen."

Mummpitz

Blödsinn, ohne Sinn und Verstand. „Mach kein Mummpitz, sons gibbet Ärger."

nach

Wie wir wissen, nimmt der Ruhrgebietler es nicht so genau mit den Präpositionen. Nach oder zu, wen juckt's. Eines der bekanntesten Ruhrgebiets-Zitate ist folgender Dialog zwischen Ruhri und jemandem von außerhalb. „Wo geht dat nach ALDI?", fragt der Eingeborene. „Das heißt zu ALDI", antwortet der Fremde. „Wat, ALDI hat schon zu? Is doch noch früh am Tach."

nackend

hat nichts mit Nudismus zu tun. „Nackend inne Hand" zu schwören bedeutet, nichts als die reine Wahrheit zu sagen.

nageln

Sex haben. Schnell und rücksichtslos autofahren, was für manche aufs Gleiche rauskommt.

Naht

1. Schwacher Kick: „Die Blauen hamsich widder ne Naht zusammengespielt."
2. Wenig oder kein Geld haben. „Dä hat nix auffe Naht."

nass, nass machen

vernichtende Niederlage in Sport oder Spiel: „Kä, watt hammwer die nassgemacht. Drei Null nach 20 Minuten, da war dä Sack zu." Wer die Dienste einer Prostituierten nutzt, ohne zu zahlen, ist ein „nasser Junge" oder Nuttenpreller.

Nassauer

Jemand, der gern auf fremde Kosten mitisst und mittrinkt, ein anderes Wort dafür ist „Lauschepper".

Nickel, nickelig

bockiger, unangenehmer, hartnäckiger Zeitgenosse, der anderen ständig zusetzt. Mitunter sogar sehr aggressiv: „Ganz schön nickelig von den Ernst. Hat dat Gartentörken verrammelt. Alls müssen getz vornerum gehen."

nomma

nicht mit der italienische Nonna (Oma) zu verwechseln und ist die Aufforderung, es noch einmal zu versuchen – weil es „schomma" (schon einmal) nicht geklappt hat.

noppes, notting

steht für gratis. „Watt wolln die dafür haben?" „Is für noppes."

Nülle

Penis, Eichel

Nuckelpinne

kleines, langsames Auto

So eine Nuckelpinne hätten viele Ruhrgebietler in den 50er-Jahren gern gehabt. Die BMW-Isetta brachte immerhin 85 km/h auf die Straße und wurde zwischen 1955 und 1962 gebaut. Und: Man kam in dem Rollermobil mit Fronteinstieg immer trocken ans Ziel.

Nuss, taube Nuss

1. Kopf „Du kriss gleich einen auffe Nuss.“
2. Ein mit wenig Grips und Temperament ausgestatteter Mensch.

Nulpe

Versager

Nutten

Damen, die Sex gegen Geld anbieten. Nuttendiesel = aufdringliches Parfüm.

„Omma, sind dat da vorne Prostituierte?“, will der Enkel wissen. „Nä, Jung, wenn datt ma keine Nutten sind.“

Ocken

Kleinerer Geldbetrag. „Vier Ocken is nich vill für son Tischört."

ölen

„Vor der Hacke ist es duster", sagt der Bergmann. Sprich: Man weiß nie, was kommt. Was garantiert kam, waren Schweißausbrüche, denn in der Grube wurde es tierisch heiß – über 30 Grad und mehr. Je tiefer der Stollen lag, umso weniger erträglich waren die Temperaturen dort. Der Schweiß floss in Strömen, wie Öl. Der Begriff kam rasch an die Oberfläche, ging in den Sprachgebrauch ein. Wenn es drückend warm ist oder bei großer Anstrengung „kommt man am ölen."

ömmelig

nicht gut anzuschauen. Klein, schäbig, fehlbehaftet. „Datt ömmelinge Ding kannze behalten. Datt willich-nich."

Ömmes

Hat zwei Bedeutungen. So wird eine männliche, in der Regel kräftige Person genannt, deren Namen man nicht weiß oder nicht nennen will: „Dä Ömmes von gegenüber kuckt immer so blöd. Wat ist mit den?" Ein „Ömmes" kann aber auch ein großer Gegenstand sein. „Den Jürgen sein Kürbis mussema kucken. Son Ömmes."

Örnie

großer Gegenstand

Omme

Gesicht, speziell Nase. Bei Schlägereien gesuchter Zielort für die Faust: „Du kriss gleich voll ein auffe Omme."

Olle, Ollen

Bezeichnung für den jeweils abwesenden Ehepartner

Omma und Oppa

Großeltern

Ort, vor Ort

Arbeitsplatz des Bergmanns. Dort, wo Kohle oder Erz abgebaut wird, am Ende des Stollens. Wie kaum ein anderer Begriff aus dem Bergbau ist „vor Ort" in die Umgangssprache eingeflossen und dient als Synonym für den Ort des Geschehens.

Vor Ort hieß nichts anderes als „am Ende des Stollens. Dort, wo Kohle abgebaut wird". Der Begriff floss in die Umgangssprache ein und bedeutet heute „am Ort des Geschehens".

O **Oschi**

Großer Gegenstand

Osel

kleiner Junge

Otzen

Rest vom Essen. „Den Otzen kannze aunoch neem."

Pack

„Pack schlägt sich, Pack verträgt sich" – den Spruch
kennt wohl jeder. Gemeint sind damit Leute, die
wegen ihrer fehlenden sozialen Standards und Bildungsferne unangenehm auffallen. Wenn die Polizei
auftaucht, hält man zusammen und tut so, als sei nix
gewesen.

paletti, allet paletti

Häufige Frage oder Bestätigung, dass alles klar ist. Ob
„paletti" mit dem Beladen einer Euro-Palette zu tun
hat, liegt nahe, ist aber nicht erwiesen.

Palaverkopp

Typ, der immer auf Konfrontationskurs geht und stets
etwas zu bemängeln hat. In anderen Regionen sagt
man „Streithansel" dazu.

Pampa

entlegener Ort irgendwo da draußen, also jenseits des
Ballungsraums. Viele würden gern dort wohnen. Aber
wer quält sich schon gern eine Stunde über die A 40
oder die A 2 zur Arbeitsstelle?

pampig

1. böse, sich verweigernd, den Streit suchend
2. Verkochtes Essen mit ruinierter Textur. Klingt doch
besser als Schweinefraß.

Panhas am Schwenkmast

Westfälisches Arme-Leute-Gericht aus Blut, Wurst-
brühe, Speck und Buchweizenmehl, das in der Pfanne
gebraten wird. Wie der „Panhas" an den Schwenkmast kommt, ist unklar. Der Begriff steht allgemein
für bevorstehenden Ärger oder eine sich anbahnende,
unangenehme Situation.
Manche Experten sehen darin auch eine ostwestfäli-
sche Umschreibung für Lust auf Sex.

panne, Pannekopp

„Biss du panne?" wird jemand gefragt, der im Begriff
ist, einen schweren Fehler zu begehen oder sich däm-
lich und gegen jede Vernunft zu verhalten. Ein „Pan-
nemann" ist folglich ein Dummkopf, Blödmann,
Blödmannsgehilfe usw.

Paselacken

verächtliche Bemerkung über eine sozial schwache Be-
völkerungsgruppe mit schlechtem Benehmen. Weitere
Begriffe auf der nach oben offenen Skala der Beleidi-
gungen sind zum Beispiel „Kuffnucken" oder „Bunken". Obwohl im Ruhrgebiet zu Beginn fast jeder ein
Fremder war, wurde gern abfällig über andere geur-
teilt. „Geh mich wech mitti Paselacken. Die lassen
ihre Kinner bis spät inne Nacht rumrennen." Selbst
die aus der Danziger Gegend stammenden Kaschuben
wurden verspottet. Bekanntester Kaschube war übrigens Günter Grass.

Pastek

Pastor oder Geistlicher. Bei der Bundeswehr, wir
schreiben das Jahr 1975, stellte sich der Militärseel-
sorger übrigens als „KASAK vor" = Katholische Sün-
den-Abwehr-Kanone, sein Konterpart von der anderen
Konfession folglich als „ESAK".

Patte

1. Geld
2. Brieftasche

Patzköttel

Pferdedung. Wir kennen doch alle das alte Wanderlied
„links ne Pappel, rechts ne Pappel, zwischendrinn nen
Pferdappel."

peilen, verpeilt

etwas verstehen. Verpeilt bedeutet anders sein, nicht
den üblichen Erwartungen entsprechen.

Pellmänner

Pellkartoffeln

Perle

Freundin eines Mannes. „Theo seine neue Perle
kommt aus Bulmke-Hüllen. Bei der geht dich dat
Messer inne Tasche auf."

Piene

Schmerzen

Pimpernelle

„Ich krich die Pimpernellen" heißt, dass jemand etwas nicht mehr ertragen kann, weil die Sache nicht so läuft, wie sie oder er es gern hätte und gleich die Geduld verliert. Kann auch als Drohung gemeint sein. Was tatsächlich passiert, wenn sich die „Pimpernellen" zeigen, weiß man nicht so genau. Pimpernell ist übrigens eine Pflanzenart aus der Gattung Wiesenknopf innerhalb der Rosengewächse und gilt als völlig ungefährlich.

Pinneken

1. Schnapsglas
2. Gewinnspiel, bei dem ein kürzeres und ein längeres Streichholz verdeckt gezogen werden. Wer das Kürzere zieht, hat verloren.

Pipps, Pips

Egal ob mit Doppel -P oder nicht: Gemeint ist eine Erkältung. „Mutter kricht ihren Pips nich wech. Getz geht se zum Aarzt."

Pissflitsche

Wohlkalkulierte Beleidigung

Pisspott

Früher Bezeichnung für Nachttopf, heute für einen hässlichen, unschönen Gegenstand. „Aus einen Pisspott kannze keine Mokkatasse machen", sagt der Ruhri und meint damit, dass jeder Verschönerungsaktion Grenzen gesetzt sind, wenn das Basismaterial nicht viel hergibt.

Pittermesser

kleines, scharfes Messer. Vorwiegend zum Schälen von
Kartoffeln oder Äpfeln.

plästern / verplästern

langer, intensiver Regen. Aber auch kräftig zuschla-
gen. „Ährwin hat dat Großmaul eine verplästert. Dat
musste einfach ma sein."

Pläte

Kahlkopf oder Glatze

Placken / Plackerei

großes, flächiges Stück. „Bei Emil fallen die Placken
vonne Decke. Die Farbe taucht wohl nix." Plackerei
ist eine schwere, mühsame Arbeit.

Plattmoss

Schwarzgeld, das am Fiskus vorbei geflossen ist. So
etwas soll es tatsächlich in Deutschland geben.

Plauze

dicker, vorstehender Bauch, der gern als „Pils-
geschwür" bezeichnet wird. „Wampe" geht auch. „Da
drinn happich nur Muskeln und Samenstränge" be-
hauptete der Plauzenträger gern, bis ihn sein Arzt über
die Gefahr durch viszerale Fette aufklärte.

Plörre, Plörren, Plünnen

1. Dünner, abgestandener Kaffee, schlechter Wein
oder schales Bier. „Mitti Plörre kannze mich jagen."
2. Alte Kleidungsstücke, werden auch Plünnen genannt

pöhlen

Vorläufer des konstruktiven Fußballspiels, als es noch keine Nachwuchs-Scouts, Spielerberater, Fußballinternate und Verträge mit 14-Jährigen gab. Auf der Straße oder Wiese wurde wild drauflos gespielt, ohne festes Regelwerk. Viele Straßenfußballer von damals sind Stars von heute.

Pömpel

Gummiglocke mit Stiel, die über verstopfte Abflussrohre gestülpt wird und mit deren Hilfe die Verstopfung gelöst wird.

poofen, Poofe

schlafen. Bett. „Kär binnich fettich. Muss gleich inne Poofe."

pottschwarz

schwärzer geht's nicht

Prengel

langer, dicker Gegenstand. Manchmal auch sexuelle Anspielung

Prütt, auch Prött

Kaffeesatz am Boden der Tasse oder Kanne, nicht der im Filter.

Pütt

Bergwerk, Zeche. Früher drehte sich im Ruhrgebiet alles um den „Pütt", was nichts anderes als „Loch" bedeutet. Aus den ersten „Pütts" im Mittelalter, die senkrecht in die Erde gegraben wurden, entwickelten sich im Laufe der Jahrhunderte gigantische Verbundbergwerke.

kindlicher Ausdruck für Zinkbadewanne. Stand samstags in Küche oder Wohnzimmer, heißes Wasser kam
vom Kohleofen. Kinder und Mutter hüpften nach-
einander hinein. Vater war schon sauber, denn er hatte
ja in der Schwarzkaue der Zeche geduscht.

Qanten

Haben im Revier nix mit Physik zu tun. Es sind die Füße. „Nimm deine Quanten vonne Kautsch. Kein Benemen."

quatern

locker miteinander plaudern. Ernste Themen werden dabei nicht angeschnitten.

quitt

1. keine Schulden – ob moralisch oder finanziell – haben. „Getz sinnwer quitt."
2. Jemanden oder etwas abgeben oder verlieren. „Moni hat den Hemann immer behandelt wie Karl Arsch. Getz isse ihn quitt, er machtdat nichmer mit."

Quotilde

Das Wort besser nicht in Gegenwart der Gleichstellungsbeauftragten aussprechen, sonst gibt es Ärger. Gemeint ist eine Frau, von der man glaubt, dass sie ihren Posten nur aufgrund der Quotenregelung erhalten hat.

Rabbatz

Störender Lärm, Krach, aggressiver Protest

Rabotti

„rabotti, rabotti, dawai, dawei" - heißt soviel wie
„arbeite schneller", „mach hinne" „los, los"oder
„hau rein" gehört zum Sprachmix in der Arbeitswelt
des Ruhrgebiets und hat seinen Ursprung im Russi-
schen oder Polnischen. „Rabotti machen" bedeutet,
durch harte Arbeit möglichst viel Geld verdienen.

Rad

ein Rad abhaben bedeutet, dass jemand etwas Dummes, Unvernünftiges tut, rumspinnt. Am Rad drehen =
kurz davor sein durchzudrehen, an der Grenze zur absoluten Überforderung zu sein.

rammdösig

Gefühl, das sich einstellt, wenn man ungewollt lauter
Musik oder dummem Geschwätz ausgesetzt ist.

Ratzefummel

kommt aus der Schülersprache. Gemeint ist das Ra-
diergummi.

rappelvoll / rappelig

1. Überfüllte Kneipe, Parkplatz, Kaufhaus am Eröff-
nungstag des SSV usw.
2. Zustand übergroßer Nervosität

ratzen

tiefer Schlaf

Raue

Gemeinsames Kaffeetrinken nach der Beerdigung.
Endet oft mit einem oder mehreren Pils zu Ehren der
oder des Verblichenen.

Reihe

etwas nicht auf die Reihe zu kriegen bedeutet, einen
Zusammenhang nicht begreifen oder eine Aufgabe
nicht lösen zu können. Wird fast immer verneinend
eingesetzt. „Den Willi musse datt nich erzähln. Dä
kricht sowiso nix auffe Reihe."
„Aus der Reihe tanzen" geht auf Volkstänze zurück,
bei denen man sich an die vorgegebene Choreographie
halten musste – was nicht jedem gelang.

reinwürgen

heftige Kritik am Arbeitsverhalten, zum Beispiel per
Abmahnung. Oder jemandem eine Zusatzarbeit auf-
halsen. „Willi hat die Schnauze voll von immer Mit-
tachsschicht. Getz hammse ihm donnoch zwei
reingewürgt."

Remmidemmi

steht für „mächtig was los". Lautstarker Trubel auf
Party oder Straße. Steht aber auch für harmlosen
Streit zwischen verschiedenen Gruppen oder lärmen-
des Herumziehen.

Revier

Geht auf das frühere Kohlerevier zurück, „wir im Revier" soll Identität zum Ausdruck bringen, ist gleich-
zeitig aber kohlenstaubbehaftet und rückwärts-
gewandt. Der permanente Konflikt im Revier: Es ist
noch traditionsbeladen, ist mit seinen vielen Industrie-
denkmälern und Stätten der Industriekultur ein

attraktives Ziel für Touristen. Zugleich muss man aber nach vorn schauen, um den Anschluss nicht zu verlieren. Innerhalb von NRW hängt das Revier immer noch hinterher. Die Rhein-Schiene oder das mittelständisch geprägte Ostwestfalen-Lippe haben bessere Wirtschaftsdaten.

Rochus

Wut, Ärger

rölschen

sich ständig auf dem Stuhl oder im Bett hin und her bewegen

Rotarsch

Anfänger, Neuling. Früher hämische Bezeichnung für frisch einberufene Rekruten bei der Bundeswehr „Achtundachzich (Tage) un der Rest von heute" riefen die Altgedienten, die zum Quartalsende entlassen wurden.

rubbel die Katz

Synonym für „ging ganz schnell". „Rubbel die Katz hat unser Erna dat Farrat rot gestrichen."

rumsülzen

jemandem nach dem Mund reden. Überflüssiges Zeug erzählen, nicht auf den Punkt kommen.

S

sabbeln, Sabbel

1. Blödsinn erzählen
2. „Halt den Sabbel" = halt mal endlich die Klappe und quatsch kein dummes Zeug.

sabbern

tun ganz kleine Menschen. Und manchmal ganz alte.

Sache

„ Watt is hier Sache?" = bedeutet „worum geht es hier wirklich?"

Sack

1. in den Sack hauen = kündigen
2. Jemanden auf den Sack gehen = ihm gehörig auf die Nerven gehen
3. Angeben wie ein Sack Seife = furchtbar aufschneiden
4. „Du biss vielleicht ein Sack" kann Enttäuschung, aber auch Anerkennung bedeuten.

säbeln

ungerades Abschneiden, zum Beispiel von der Wurst oder vom Brot. Von „Umsäbeln" spricht man beim Fußball, wenn der ballführende Spieler von den Beinen geholt wird.

Saftladen

Unternehmen, Lokal, Verein oder sonstige Einrichtung, in der nichts wirklich funktioniert. Keine erkennbare Organisation, grauenhafter Service, schlechte Qualität der Produkte und Dienstleistungen usw.

„Sieht aus wie Sau" = dreckig und unaufgeräumt.
„Das interessiert doch keine Sau" – also total langweilig. „Keine Sau interessiert sich für mich."
Die Sau ist negativ besetzt, dabei gelten Schweine
doch als sehr intelligente Tiere. Entsprechend sind alle
Wörter mit der Vorsilbe abwertend. Einige Beispiele:
saumäßig, saudumm, saukalt, Sauhund, Saufraß, Sauwetter. Ausnahme: Wer ab und zu „die Sau rauslässt",
fühlt sich vermutlich gut.

Schabau

minderwertiger, hochprozentiger Schnaps mit Kopfschmerzgarantie

Schabracke

Herabsetzende Bemerkung für ungepflegte, schlecht
angezogene Frau ohne jegliche Ausstrahlung. „Alte
Schabracke" ist schon sehr beleidigend.

schallern

laut singen. Steht aber auch für das Verteilen von Ohrfeigen. „Du kriss gleiche eine geschallert, wennde nich
sofort aufhörs."

Schapp

Fach im Wohnzimmer- oder Küchenschrank

Scheiße

muss samt seiner vielen Zusammenhänge wohl nicht
weiter erklärt werden. Das Lied „Scheiße in der Lampenschale / gibt gedämpftes Licht im Saale" mit vielen
weiteren Strophen wird gern zu fortgeschrittener
Stunde gesungen.

scheppen

man „scheppt" den Sand mit der Schüppe. „Aufscheppen" bedeutet, dass man den Teller füllt.

Schicht im Schacht

stammt natürlich aus dem Bergbau und steht für das endgültige Aus. Hier passiert nichts mehr. Die gleiche Bedeutung hat „Hängen im Schacht."

Schickse

Junges Mädchen

Schisselameng

1. Zeug, mit dem niemand was anfangen kann
2. Unüberschaubare Problemlage: „Sonn Schisselameng kannze wirklich nich brauchen."

schlabbern / Schlabberkappes

etwas bewusst weglassen, weil es nicht wirklich wichtig war. „Schlabberkappes", ein deftiger Eintopf aus Weißkohl und – in der Regel Bauchfleisch – gehört zu den Nationalgerichten an der Ruhr.

Schlafittchen

jemanden am Schlafittchen packen = Weglaufen hindern.

Schlickefänger

Charmantes Schlitzohr, abgezockter Taugenichts, dem man aber nicht wirklich böse sein kann. Ähnlich wie Schlawiner.

schlindern
mit Anlauf stehend über eine Eisfläche rutschen.

Schlot
1. witziger, origineller Typ
2. Kettenraucher „Da Ährwin mit sein Kröch perzt
wien Schlot. Wenndat ma gut geht."

Schmacht
Mächtig Hunger auf etwas Deftiges haben. Kann auch
das andere Geschlecht sein, daher der Begriff „an-
schmachten."
Ein „Schmachtlappen" ist ein schmächtiger Mann.
Body-Mass-Index weit unter 22.

Schmackes
„mit Schmackes" heißt, kraftvoll und entschlossen ans
Werk gehen. Hat sich beim Elfmeterschießen oft be-
währt.

Schmierlapp
unseriöser Typ, Gauner. So werden auch Menschen
bezeichnet, die keinen Wert auf Hygiene und saubere
Kleidung legen.

Schnalle, schnallen
1. Junge Frau, noch nicht ganz erwachsen
2. Kapieren, verstehen. „Willi hat immer nochnich ge-
schnallt, dat seine Alte ihn nich mehr will."

schnuppen, schnuppern
Süßigkeiten konsumieren. Lose Bonbons „vonne
Bude" kamen in die „Schnupptüte."

Schote

Anekdote, in der meist andere die Dummen sind.

Schott, Schotten

1. Fenster oder Tür. „Mamma die Schotten dicht, fängt gleich am stürmen."
2. Abruptes Ende einer Kommunikation. „Als ichse fraachte, obse en neuen Kärl hat, machtese die Schotten dicht."

schruppen

jemanden deutlich besiegen

Schwein / Schwanz

steht für vieles, im Guten und im Schlechten „Schwein gehabt" sagt der glückliche Lottogewinner – oder jemand, der knapp einem Unfall entronnen ist. „Charakterschweine" kennen wir alle zur Genüge.

„Schwein" bedeutet in gewissen Zusammenhängen auch, dass da niemand ist. Kennen wir doch von Max Raabe. „Kein Schwein ruft mich an. Keine Sau interessiert sich für mich", sang er schon 1992.

„Auf den Schwanz treten" bedeutet übrigens nicht, einen Hund zu peinigen. Der „Schwanz", um den es hier geht, gehörte zu hochherrschaftlicher Kleidung und schleifte nicht selten über den Boden. Wer drauftrat, bekam vermutlich Ärger.

Seemannsköpper

Hechtsprung mit angelegten Armen. Gehört zum Balzritual im Freibad.

netter Kerl, charmant und lebenslustig. Kann aber auch das Gegenteil bedeuten. „Watt biss Du denn für en Seger. Hasse kein Benimm?"

Senge

Tracht Prügel, meist aus erzieherischen Gründen und nicht brutal

Sense

Ende, Schluss, „Habbich Dich nich schon genuch Geld gegeem? Getz is Sense."

Siehsse

gehört wie „Hömma" und „Komma" zum zentralen Wortschatz des Ruhrgebiets und dient der Bestätigung eigener, weiser Prophezeiungen oder Erwartungen: „Siehsse, hab ich nich gesacht, dat dat mit den Fritz und die Hellga nix wird. Die is vill zu fornehm für den." Oft reicht auch ein einfaches „siehsse" ohne Erläuterung – zum Beispiel, wenn der Sohn des Hauses trotz Minustemperaturen trotz aller guten Ratschläge auf Mantel und Mütze verzichtet hatte und nun frierend und schniefend heimkehrt. Ein „hab ich nich gesacht, datte wat Warmes anziehen sollz", erübrigt sich.

Siff

Dreck, Unrat. „Den Siff krisse nichmer app vonne Buxe."

spack, Spacken

1. sehr eng, oft auch zu eng sitzendes Kleidungsstück
2. asoziale Typen, die sich an keine Regeln halten

Spannmann

ungelernter Helfer, Assistent

Spekuliereisen

Man nennt es auch Brille.

spitzkriegen

etwas in Erfahrung bringen. „Wenn dä Otto spitz
kricht, dat sein Tochter mit den Ludwig geht, dann is
bei die Panhas am Schwenkmast."

spitz wie Nachbars Lumpi

sexuell leicht erregbar

Sportsflecken

Spermareste auf Laken oder Hose

Stall

Hosenschlitz. Ist er nicht korrekt geschlossen, heißt es
„Mamma dein Stall zu, Kühe laufen sonst wech."

stickum

heimlich, still und leise. Steht aber auch für schüch-
tern und/oder betont unauffällig.

Stinkadores

Althergebrachte Bezeichnung für einen Menschen mit
schwer erträglichen Ausdünstungen. „Du stinks wie
en Puma" ist moderner, „wien Iltis" ebenfalls.

Eisenstange mit Griff. Damit wird im Kohleofen die
Glut hin- und hergeschoben, sprich es wird „ge-
stocht". Ähnlich wie der Schürhaken am offenen
Kamin. „Stochen" heißt aber auch schnelles Fahren.
„Ich bin gestocht wien Weltmeister, um pünklich inne
Arena zu sein."

Mit dem Stocheisen wurde das Feuer im Küchenherd kontrolliert. In den
Zechenhäusern von früher galt die Küche als zentraler Aufenthaltsort, in
dem man sich aufwärmen konnte und wo immer ein Kessel mit heißem
Wasser auf der Ofenplatte stand.

stramm

total betrunken

Strang

großen Respekt oder Angst vor jemanden haben

strullen

pinkeln, urinieren

strunzen, Strunztuch

angeben, sich selbst und seinen Besitz oder seine Verdienste ständig erwähnen und damit anderen auf die Nerven gehen. „Strunztuch" nennt man das Einstecktuch in der Brusttasche der Anzugjacke oder des Sakkos.

Stuss

Unsinn, dummes Zeug. „Is doch Stuss, watteda sachs. Die Blauen waren nach 58 nichmer Meister."

Zum perfekten Outfit des Mannes gehört natürlich das Einstecktuch in
Sakko oder Anzugjacke, besser bekannt als „Strunztuch".

Tach zusammen, Tach auch

meist verwendete Begrüßungsformel des Ruhrgebiets

Tacken

stand zu DM-Zeiten für das Zehnpfennig-Stück. Wird heute eher dazu benutzt, jemanden zur Eile anzutreiben. „Machma en Tacken schneller."

Lang, lang ist's her. Als 2002 der Euro eingeführt wurde, war es auch mit dem „Tacken", sprich dem Zehnpfennigstück, vorbei.

tapern

vorsichtiges, unsicheres Gehen

tafeln

hier: jemandem eine Ohrfeige geben.

Teich

„in den Teich gesetzt" heißt, etwas ist gründlich miss-
lungen, muss als Fehlschlag bewertet werden. Vor
allem Klassenarbeiten werden häufig „in den Teich"
gesetzt.

Timpen

wer zuviel trinkt, hat hinterher kräftig einen im Timpen.

toffte, töffte

wunderbar, prima, super. „Bissen Töfften" ist ein großes Lob, wenn jemand etwas gut gemacht hat und
man sich auf ihn stets verlassen kann.

Torfkopp

dummer, uneinsichtiger Typ, egal ob weiblich oder
männlich. Lieblingsbeleidigung des Autors.

Trallafitti

auf „Trallafitti" gehen heißt im Ruhrgebiet bevorzugt
um die Häuser ziehen, Spaß haben. Sprich ein fröhli-
ches Beisammensein, bei dem der Partner ruhig fehlen
darf.

Tranfunzel

schwach leuchtende Lampe. Oder langweiliger
Mensch, der nichts zur Geselligkeit beiträgt.

Tröte

Luftröhre, Kehle, Kindertrompete. Wer sich verschluckt und nach Luft ringt, „hat en Krümmel in de Tröt."

Trulla / Tucke

abwertende Bezeichnung für dümmliche Frau. Gleiches gilt für „alte Tucke".

Trumm

außerordentlich großer Gegenstand

Türkenkalender

Hat nichts mit Multikulti zu tun. So wird im Revier der Adventskalender genannt. Vom 1. – 24. Dezember heißt es: „Jeden Tach en Türken auf."

Uhr

inne Uhr sein bedeutet nicht, dass jemand in die
Turmuhr gekrochen ist. Der Begriff steht für defekt,
kaputt, nix hat geklappt.

ullig, Ullige

klein, kleines Kind. „Unsere Ullige macht uns viel
Spass. Kann jetzt bis drei zählen." – „Na, datt reicht
doch völlich."

um sein

heißt „es ist vorbei", was für eine Zeitdauer gilt. Oder
für die körperliche Verfassung. „Ich bin um" sagt jemand, der ausgelaugt und am Ende seiner geistigen
und körperlichen Kräfte ist.

Urin

Etwas im Urin zu haben heißt, eine Entwicklung ohne
konkrete Anhaltspunkte vorauszuahnen. Eine vorsich-
tige Vermutung, basierend auf Menschen- und Markt-
kenntnis. „Datt der Manu zu Bayern geht, hatte ich
früh im Urin."

Urzen / Otzen

Reste auf dem Teller, die noch nicht gegessen wurden.
„Kannze den Otzen nich auch noch essen? Wär zu
schade zum wegtun."

usselich

ungemütlich, unangenehm. Wird meist in Zusammenhang mit der Wetterlage verwendet.

V

verbaseln

hat nix mit Basel am Rhein zu tun. Eine gute Chance wurde nicht genutzt – weil man nicht konzentriert genug oder zu ungeschickt war. Der Begriff wird aber auch verwendet, wenn etwas unauffindbar verlegt war. „Verdammich, dä Kevin hat schon widder sein Mattebuch verbaselt. Dat gipt Ärger."

verbraten

1. viel zu viel Geld ausgeben „dat ganze Moos hamse an zwei Tage verbraten"
2. Jemandem körperlich oder in übertragenem Sinn einen Schlag versetzen.

verdelli, verdorri(ch)

klingt doch besser als „verdammt noch mal". Die Niederländer sagen übrigens „Godverdomme".

verfumfeien

ein herrliches Wort für etwas verderben, versagen, etwas nicht auf die Reihe kriegen. Fumfeien kommt aus dem Niederdeutschen und bedeutet „fiedeln".

verkasematuckeln

es geht um Alkohol, der allein oder in froher Runde getrunken wird. „Die Kiste Pils hamwer in Nullkommanix verkasematuckelt."
Der Begriff taucht manchmal auch im Zusammenhang mit Prügeleien auf: „Mann, wat hat der den einen verkasematuckelt."
„Verkasematuckeln" heißt aber auch, jemandem etwas mühsam erklären.

wieder mal erfolgreich scheitern, versagen, Chance
nicht nutzen, Erwartungen nicht erfüllen.
Versemmeln steht aber auch für jemanden schlagen.

verkackeiern

bedeutet, jemanden zu verulken, in die Irre zu führen
oder zum Narren zu halten. Müsste laut Duden eigentlich vergackeiern geschrieben werden – frei nach
einem Huhn, das durch lautes Gackern kundgetan
hat, soeben ein Ei gelegt zu haben, was aber nicht der
Fall war. Fake news im Hühnerstall, sozusagen. In der
derben Reviersprache wurde „verkackeiern" draus –
wen juckt's?

verkinschen

allmählich alt und senil, oft auch kindisch werden,
manchen Dingen nicht mehr folgen können. „Ich bin
donnich am Verkinschen." Müsste korrekterweise
„verkindschen" heißen, tut es aber nicht.

vernatzen

jemanden zum Narren halten. Oder krasser aus-
gedrückt: jemanden verarschen.

verticken

etwas verkaufen

vonne

macht nur im Zusammenhang mit anderen Begriffen
Sinn. „Vonne Backe putzen" heißt, ein Ziel wird nicht
erreicht, Verzicht ist angesagt. „Vonne Socken sein"
steht für pures Erstaunen, „vonne Stütze leben" muss
nicht erklärt werden usw.

W

Wabe

bezeichnet eine Fahrpreiszone des Verkehrsverbundes Rhein-Ruhr und hat nichts mit fleißigen Bienen, Imkern oder Honig zu tun.

wämmsen / Wämmser

„verwämmsen" heißt jemanden verprügeln. Als „Wämmser" bezeichnet man dagegen den körperlich starken Liebhaber einer Frau.

wat, wat is?

vielleicht das am häufigsten benutze Wort im Ruhrgebiet. „Wat" oder „watt", fragt man, wenn etwas akustisch nicht verstanden wurde oder man einen Sachverhalt nicht glauben will oder kann. Mit „wat is (denn getz)" wird eine andere Person gebeten, Klartext zu reden oder sich zu entscheiden „watt is denn getz, bisse dabei oder nich?". „Wattan, Wattan" (oder wattdenn) kann ein Versuch sein, den anderen zu korrigieren: „Wattan, wattan nu mach ma halblang". Oft folgt eine Frage „Wattan, hasse in echt mit die Mia geknutscht?"

weck, wech

jemand oder etwas ist verschwunden, derzeit nicht lokalisierbar. „Plötzlich war unser Susi weck. Kär, hatte ich en Schrecken."
Man kann aber „einen wech haben", sprich nicht im Besitz seiner geistigen Kräfte sein. Oder sich „wat weckholen", zum Beispiel eine Erkältung.
„Völlig weg sein" bedeutet, dass man kurze Zeit bewusstlos war. Und die Frage nach der Herkunft lautet im Ruhrgebiet nicht selten: „Von wo bis Du denn wech?"

Wetter

nennt man die Luft unter Tage, von deren Zusammensetzung früher oft Tod oder Leben der Kumpel ab-
hing. „Schlagende Wetter" sind ein explosives
Luftgemisch mit hohem Methangehalt und neben
plötzlichen Wassereinbrüchen besonders gefährlich.
Durch moderne Messgeräte und eine verbesserte Be-
lüftung der Schächte konnten die Risiken stark redu-
ziert werden. Was nichts daran ändert, dass der Beruf
des Bergmanns zu den gefährlichsten überhaupt gehört. Im Dezember 2018 wurde auf der Zeche Prosper
Haniel in Bottrop die letzte Schicht gefahren. Es war
das Ende des Steinkohlenbergbaus in Deutschland.

wo

der Klassiker unter den Ruhrpott-Dialogen: „Wo
gehsse? – Im Kinno" – „Wat fürn Film?" – „Quo
vadis" – „Wat heißt dat?" – „Wo gehsse" – „Im
Kinno". Lässt sich beliebig fortsetzen. Wird aber ir-
gendwann langweilig.

Wollwott

Woolworth kann kaum jemand korrekt aussprechen,
deshalb wurde die Läden der US-Kette schnell in
„Wollwott" oder „Wulle" umgetauft.

wullachen

sehr hart körperlich arbeiten, ähnlich wie malochen.
Wird meist verwendet, wenn es sich um Arbeit im privaten Bereich handelt. „Dä Willi wullacht in sein Garten wie en Bekloppten."

Z

Zachel

großes Messer. Das Wort stammt aus der Gaunersprache. Kleinere Messer heißen im westlichen Ruhrgebiet „Pittermess", im östlichen „Lümmelken".

Zappzerapp

ziemlich veralteter Ausdruck. Steht ähnlich wie „ruckzuck" oder „ratzfatz" für schnelles, zielgerichtetes Handeln.

Zeche

Bergwerk, na klar. Eigentlich bezeichnet das Wort aber die Kosten für den Betrieb eines Bergwerks. Mehrere Personen, Gewerken genannt, sorgten mit ihrer Einlage dafür, dass Kohle gefördert werden konnte. Sie bezahlten die Zeche.

Zeiger

jemandem gewaltig auf die Nerven gehen. „Du gees mich auffen Zeiger mit dein ewiges Händikucken."

Zicke, Zimtzicke

Eine launenhafte Frau gilt als „Zicke". Und wenn sie einen gewissen Ruf in dieser Richtung erlangt hat, wird sie als „Zimtzicke" bezeichnet. Hat aber nichts mit dem Gewürz zu tun. Das Wort „Zimt" stammt aus der Gaunersprache Rotwelsch und stand ursprünglich für Geld oder Gold. Später wurde es ins Gegenteil verkehrt, sprich nichtiges, wertloses Zeug. Wenn eine Frau wegen jener Kleinigkeit herumzickt, ist sie eine „Zimtzicke". Es gibt natürlich auch zickige Männer, nur wurde für sie noch kein passender Name gefunden.

Zinnober

von Haus aus ein Rot-Ton. „Der ganze Zinnober"
steht aber auch für überflüssigen, wertlosen und ärger-
lichen Kram, den man erledigen oder entsorgen muss.

zu

die Präposition, die im Ruhrgebiet besonders gern
durch andere ersetzt wird. „Wo geedet nach ALDI"
„Komma bei den Oppa", oder „Ich hau getz innen
Sack, sacht der Willi für mich" usw. Zu bedeutet aber
auch geschlossen, man steht also vor „eine zue Apotheke" oder „eine zue Tür."

zugange sein

gerade an etwas arbeiten. Gemeint ist aber auch Sex.
„Hertha war mit den Paul zugange, als Willi kapaf-
tich vonne Maloche kam. Getz is Panhas am
Schwenkmast. Er will wech."

Grammatik des Ruhrgebiets

„Herr Koslowski, geben Sie mir doch bitte den Hammer" sagt man vielleicht in Hannover. Eine recht eindeutige Aufforderung, die in der Malochersprache des Ruhrgebiet etwa so klingen könnte: „Ey Anton, gipp mich Mottek."

Was im ersten Eindruck anmutet wie ein stark reduzierter Dialog zwischen leicht debilen Zeitgenossen, ließe sich wahlweise als Regiolekt, Soziolekt, Dialekt, Jargon oder sonst was bezeichnen. Eine dankbare Aufgabe für Sprachwissenschaftler und Grammatik-Fetischisten.

Wie also bezeichnet man eine gerade mal 150 Jahre alte Sprache, die flexibel an die Situation angepasst wird, aber weder sonderlich gepflegt noch gelehrt wird? Die keine verbindlichen Regeln hat und in der viele Dinge, Geistes- oder Gemütszustände mitunter abenteuerlich umschrieben werden? Umgangssprache, ziemlich verschludert, scheint das richtige Wort dafür zu sein.

Menschen, die nicht an Ruhr oder Emscher geboren sind, werden an Sätzen wie „Hömma samma womma nomma ein?" (Sag mal, wollen wir noch ein Getränk ordern?) vermutlich verzweifeln. Die zusammengezogenen Wörter wie „mamma" (mach doch mal), die ausgiebig gedehnten Vokale (Wuast=Wurst), der fast vollständige Verzicht auf Genitiv und Dativ und die meist falschen Präpositionen („Komma bei den Oppa") machen es auswärtigen Besuchern nicht leicht.

Aber keine Sorge, der Ruhrgebietler wechselt mühelos ins Hochdeutsche, sobald er wahrnimmt, dass ihm sein Gegenüber nicht folgen kann. Die Menschen hier sind rau, aber herzlich, sehr direkt und meist ehrlich. Und vor allem sehr offen und kontaktfreudig. Wenn in bestimmten Gegenden Deutschlands jemand mit drei Jahren ins Dorf kommt, Jahrzehnte dort lebt und mit 88 Jahren stirbt, sagen manche Ureinwohner: „Jetzt ist der Fremde endlich tot." Im Revier würde so etwas niemals vorkommen. Zumal viele Menschen hier vor Jahrzenten selber noch Fremde waren.

Im Bergbau war Ende 2018 Schicht im Schacht, die Stahlindustrie schrumpft seit langem. Die klassischen Milieus, in denen die Sprache zu Hause war, verschwinden. Parallel dazu legen Bereiche wie Dienstleistung, Medizintechnik, Maschinenbau, Tourismus und Logistik kräftig zu. Hier spricht niemand „Ruhrpöttisch", ebenso wenig in der dichten Hochschullandschaft mit über 400 000 Studierenden. Trotzdem lohnt es sich, der Ruhrgebietssprache ein Buch zu widmen. Sie blieb bis heute erhalten. Noch besser ist es, waschechten „Ruhris" einfach mal zuzuhören und den Wortwitz wahrzunehmen, der in vielen Sätzen steckt. Aber „Datt geet numma nich imma."

Gebildet hat sich die Ruhrgebietssprache in der zweiten Hälfte des 19. Jahrhunderts, dem Zeitalter der Industrialisierung. Zechen und Hüttenwerke benötigten damals dringend Arbeitskräfte, die mit der ersten Einwanderungswelle vor allem aus den ärmeren Regionen des damaligen Deutschen Reiches, aber auch aus dem heutigen Polen, anderen slawischen Ländern und den Niederlanden kamen.

In der Hitze, dem Lärm und der ständigen Gefahr unter Tage, am Hochofen oder der Walzstraße waren ausgefeilte Dialoge naturgemäß nicht möglich. Man beschränkte sich auf das Wesentliche, in kurzen Worten. Dies setzte sich im Privaten fort. Denn die Nachbarn in der „Kollenie" sprachen oft nur rudimentäres Deutsch.

Kurzum: Westfälisch und Plattdeutsch mischten sich mit Polnisch, Holländisch und anderen Sprachen. Begriffe aus dem Jiddischen und der Gaunersprache Rotwelsch flossen in die Ruhrgebietssprache ein und blieben bis heute erhalten, inklusive einer recht eigenwilligen Grammatik.

Hömma, Kumma, Mamma, Komma, inne, anne, umme, unnen

Vielleicht die größte Herausforderung im Ruhrdeutschen: Wenn die zusammengezogenen Wörter in rasendem Tempo ausgestoßen werden und von fremden Ohren mitunter nur im Zusammenhang zu entschlüsseln sind.

Beispiele:

Mit „Hömma" (jetzt höre mir bitte zu) beginnt fast jeder Satz. „Kumma" (kuck doch mal bitte), „anne" (an der Ecke) „inne" (in der Kneipe), „unnen" (und ein Ei), „wennze" (wenn Du).

Der Klassiker: „Hammama Urlaub gemacht, hattata gereechnet."

Watt is? Wat, datt, Bratskartoffeln

Ja nee is klar. Am „watt", wahlweise mit einem oder zwei „t", erkennt man den Ruhrgebietler am ehesten. Ein „s" am Wortende mag er halt nicht. Mit Ausnahme von Nomen, an die er gern ein völlig überflüssiges „s" hängt. Musterbeispiel: Die Bratskartoffeln.

hamwer se verwämst

Die persönlichen Fürwörter „sie" und „wir" werden gern durch „se" und „wer" ersetzt. Folglich lautet der obenstehende Satz „Wir haben sie verhauen". Bei nachgestellten besitzanzeigenden Fürwörtern wird gern „ein" oder „et" angehängt. „Dat Auto da is unset." Sprich: „Das Auto gehört uns."

Vadder is am aabeiten

Gemeint ist natürlich, dass der Vater just in diesem Moment arbeitet. Aber Verlaufsformen mag der Ruhrdeutsche nicht. „Es regnet gerade" heißt folglich „et is am reechnen." Oder „am plästern".

Der Mensch gewöhnt sich an allem, auch am Dativ

In diesem Falle stimmt das nicht ganz. Der Ruhrgebietsmensch ist auch sprachlich genügsam. Ihm reichen Wer-Fall und Wenn-Fall, sprich Nominativ und Akkusativ. Der Genitiv ist absolut tabu und wird elegant umschrieben.
Berühmtestes Beispiel: „Und wie soll dann bitte so ein Stadion heißen? Vielleicht Ernst-Kuzorra-seine-Frau-ihr-Stadion?" (Ex-Bundespräsident Johannes Rau auf die Frage, warum Fußballstadien nie nach Frauen benannt werden.) Oder: „Das ist Großmutters Haus" heißt auf Revierdeutsch: „Datt is unser Omma ihr Haus."

Dativ

Den Dativ ersetzt der Ruhri gern und oft durch den Akkusativ: „Wem sein is die geile Karre inne Einfaart?" – „Den Willi. Hatten Bonnus vonne Firma gekricht, haut getz auffe Kacke." Oder, berühmt durch Herbert Knebel: „Boah, ich sach Sie."

„Anne Bude anne Ecke"

Paradies für Kinder und sozialer Ort
Was wäre das Ruhrgebiet ohne seine Trinkhallen?

Sehnsuchtsort für Kinder: „Anne Bude" wurde das Taschengeld in Brausewürfel, Lakritz und andere Köstlichkeiten umgesetzt.

Zur Biographie wohl jedes älteren Ruhrgebietsmenschen gehört die „Bude", also die Trinkhalle in seinem Stadtquartier. Hier wurde das Taschengeld in die „gemischte Tüte" umgesetzt oder in Sammelbilder investiert. Brausewürfel schäumten auf, wenn sie endlich im Mund landeten. Angeleckte Salmiakpastillen bildeten kunstvolle Ornamente auf dem Handrücken. Für manches leuchtend rote oder grüne Sprudelwasser würden sich heutzutage die Behörden interessieren – wegen der Lebensmittelfarben. „Anne Bude" gab es Süßes und Saures. Und oft ein tröstendes Wort von den meist älteren Frauen hinter der kleinen Theke. Für Kinder waren sie ein Paradies.

Später erweiterte die Bude ihr Angebot. Kaffee, Brötchen, heiße Würstchen kamen hinzu. Viele stoppten dort auf dem Weg zur Arbeit, versorgten sich mit dem Notwendigsten, das bis zum nächsten Großeinkauf beim Discounter reichen musste. Das Image der Büdchen litt, als manche Leute glaubten, dort biertrinkend den Tag verbringen zu müssen.

Kontny's Kiosk in Mülheim-Speldorf ist ein beliebter Treffpunkt im Quartier. Hier gibt es nicht nur Getränke, Zigaretten und Süßigkeiten, sondern auch nette Gespräche.

Kleinen Baukunstwerken glichen die Trinkhallen zu Beginn des 20. Jahrhunderts, mit Zwiebel- und Uhrentürmchen. Auch ein Pagodendach mit Skulptur – wie hier in Herne – war keine Seltenheit.

Heute steht „anne Bude anne Ecke" wieder hoch im Kurs. Mehr noch als Kaffee und Süßigkeiten spielt das Soziale eine wichtige Rolle. Menschen kommen hier ins Gespräch, ganz zwanglos, aber wichtig im Zeichen zunehmender Vereinsamung. Man tauscht sich aus, hilft sich, wenn es nötig ist. Ein Stück Heimat.

Sehr hilfreich war sicher der „Tag der Trinkhallen" im August 2016, veranstaltet von der Ruhr Tourismus GmbH. Für 50 ausgewählte Büdchen wurde damals ein Kulturprogramm entwickelt, mit Musik, Theater und Lesungen. Die Resonanz war überwältigend. Zigtausend trafen sich anne Bude, viele von ihnen machten sich gar zu verschiedenen Standorten auf.

Fast völlig vergessen ist mittlerweile der ursprüngliche Zweck der Trinkhallen, die es seit Mitte des 19. Jahrhunderts im Ruhrgebiet gibt. Im Zuge der Industrialisierung nahm zu dieser Zeit die Zahl der Menschen, die ins Revier kamen, explosionsartig zu. Da das Leitungswasser ungenießbar war, errichteten die Mineralwasseranbieter an vielen Stellen die sogenannten Seltersbuden, denn schließlich ging es um die Volksgesundheit.

Ein weiteres Problem war der zunehmende Alkoholismus. Während der Arbeit flossen Bier und Schnaps in die durstigen Kehlen der Arbeiter, was damals nicht ungewöhnlich war. Es gab sogar Arbeitgeber, die einen Teil des Lohnes in Alkohol auszahlten. Das konnte auf Dauer nicht gut gehen. Politik, Behörden und der bürgerliche Teil der Gesellschaft fürchteten um Sitte und Ordnung. Die Städte und Gemeinden förderten deshalb den Bau von Trinkhallen, indem sie günstige Grundstücke zur Verfügung stellten.

Als im Laufe der Jahrzehnte Zeitungen, Zigaretten, Speisen und schließlich auch Alkohol verkauft werden durften, wandelten sich die Trinkhallen zu Kleinstgeschäften des täglichen Bedarfs. Doch schon in den 1960er- und 1970er-Jahren begann der Niedergang. In vielen Bergwerken war Schicht im Schacht, die Schwerindustrie zog sich zurück – mit gravierenden Folgen für die Trinkhallen im Umfeld der Zechen und Stahlwerke. Als 1996 die Ladenschlusszeiten verlängert wurden, hatte auch dies drastische Folgen. Die Buden waren nun nicht mehr der einzige Ort, an dem man nach 18.30 Uhr etwas kaufen konnte.

Es mutet fast wie ein Wunder an, dass sich die Trinkhallen heute gegen die Konkurrenz durch Tankstellen und Supermärkte behaupten können. Was daran liegt, dass sie mit ihrer sozialen Funktion und der Bedeutung für die lokale Versorgung unersetzbar sind. Denn wo kann man zwanglos, ohne Verabredung, Leute treffen, sinnieren, quatschen und ein Kaltgetränk besorgen? Natürlich nur „anne Bude anne Ecke".

„Ob ich verroste oder verkalke, ich geh immer noch auf Schalke"

(aus dem Vereinslied von S04)

Die spinnen. Nicht die Gallier, sondern die Ruhris.
Immer wenn das Revierderby Schalke gegen Dortmund ansteht, setzt unter den Fans in Gelsenkirchen
fast durchgängig das rationale Denken aus. Gleiches
gilt für die Borussen-Anhänger. Da wird gefiebert, ver-
flucht und gehasst. Wer den Namen des Gegners in
den Mund nimmt, bekommt Ärger. Weshalb die Fans
voller Verachtung von „Herne-West" (steht für
Schalke) und „Lüdenscheid-Nord" (für Dortmund)
sprechen, wenn sie den Kontrahenten meinen. Eine
plötzliche, zehnprozentige Erhöhung der Mehrwert-
steuer würde die Menschen wohl weniger erregen als
das Derby. Am Montag danach ist dann alles wieder
ruhig. Die Feindschaft wird weiter gepflegt, aber Blau-
Weiße und Gelb-Schwarze gehen respektvoll miteinander um.

Woher kommt der Hass? Experten führen ihn auf die
räumliche Enge im Revier zurück. Nur knapp 20 Kilo-
meter liegen die beiden Stadien auseinander. Weiteres
lässt sich der Historie entnehmen. Bis Ende der
1940er-Jahre galten die „Knappen", sprich Schalke,
als unschlagbare Nr. 1 im Revier. Danach gewann
aber Borussia Dortmund mehr und mehr die Ober-
hand. Den Gelsenkirchenern, immer noch berauscht
vom Kreiselfußball des Wunderteams der 1930er-
Jahre um Ernst Kuzorra und seinem Schwager Fritz
Szepan, mussten einsehen, dass der Erzrivale letztlich
mehr Erfolg hatte. Hinzu kam, dass Vereinsikonen
wie Stan Libuda und Jens Lehmann nach Dortmund
wechselten. So etwas tut weh.

Fußball ist eine Art Ersatzreligion und Teil des gesell-
schaftlichen Lebens im Ruhrgebiet. Dies gilt nicht nur
für die beiden großen Vereine, sondern auch für kleinere Clubs, die im Laufe der Jahrzehnte in der Bun-

Sieger im Luftkampf: Ernst Kuzorra (r.), mit Schwager Fritz Szepan, einer der ewigen Schalker Helden, setzt sich im Endspiel um die Deutsche Meisterschaft 1937 gegen zwei Nürnberger durch. Schalke gewann damals 2:1 und wurde während der NS-Zeit sechsmal Meister.

desliga spielten. Der MSV Duisburg, Rot-Weiß Oberhausen und Rot-Weiß Essen gehören ebenso dazu wie
die SG Wattenscheid 09 (Wattenscheid ist heute ein
Stadtteil von Bochum) und der VfL Bochum. Nimmt
man Schalke und Dortmund hinzu, gibt es entlang der
A 40 (geht in Dortmund in die B1 über) auf einem
Streckenabschnitt von 50 Kilometern sieben aktuelle
und ehemalige Bundesligisten – einmalig in Deutschland.

Schalke 04 – auf ewig der Meister der Herzen

Es gib keine Gerechtigkeit und keinen Fußballgott.
Davon sind noch heute viele Schalke-Fans überzeugt,
die sich am 19. Mai 2001 für vier Minuten als
Deutscher Meister fühlen durften, bevor Bayern
München beim HSV doch noch den Ausgleich erzielte

Im Tal der Tränen: Vier Minuten lang durften sich im Mai 2001 die
Schalker und ihr treuer Anhang nach dem Sieg über Unterhaching über
den heißersehnten Titel freuen. Dann schlugen die Bayern in Hamburg
doch noch zu. Der Titel „Meister der Herzen" bot nur wenig Trost.

Volle Hütte in der Veltins-Arena: Bei Heimspielen führen die Schalke-Fans das volle Programm auf. Eine eingeübte Choreographie aus Transparenten, Sprechchören, Fahnen und mehr soll die eigene Mannschaft motivieren und den Gegner einschüchtern. Klappte in den letzten Jahren aber nur selten.

und den „Königsblauen" quasi in der letzten Sekunde noch die Meisterschale entriss. Für Schalke und seine treuen Anhänger, die so sehnlich auf den Titel gewartet hatten, war es ein Stich ins Herz. Dramatische Szenen spielten sich auf dem Spielfeld und im Stadion ab, als das Ergebnis aus dem Norden bekannt wurde. Tränen, Verzweiflung und versteinerte Mienen.

Den letzten Meistertitel hatte Schalke zuvor 1958 er-
rungen. Mit dem Gewinn des UEFA-Pokals folgte
dann 1997 der größte Erfolg der Vereinsgeschichte.
Aber auch mehrere Pokalsiege und das Erreichen des
Champions League-Halbfinals zieren die Bilanz. Nach
wie vor gehört der Club, mit mehr als 190 000 Mit-
gliedern übrigens der sechsgrößte der Welt, zu den
festen Größen der Bundesliga. Zuletzt lief es sportlich
und finanziell aber nicht mehr gut.

Borussia Dortmund – die gelbe Wand lässt das Stadion erbeben

Über 81 000 Zuschauer fasst das Dortmunder West-falenstadion, das damit unangefochten das größte der Bundesliga ist. Die Fans auf der Südtribüne tragen traditionell das gelbe Trikot und bilden dadurch eine gelbe Wand, die inzwischen Kultstatus hat. Auch sportlich nehmen die Borussen (steht für Preußen) eine absolute Spitzenstellung ein, wurden achtmal Deutscher Meister und viermal Pokalsieger. Auf ewig in Erinnerung bleibt der 2:1 Sieg über Liverpool im Endspiel des Europapokals 1965 in Glasgow. Es war der erste europäische Wettbewerb, den je eine deutsche Mannschaft gewinnen konnte. 1997 dann der nächste Höhepunkt der Vereinsgeschichte. Borussia Dortmund gewann die Champions League und anschließend den Weltpokal.

Trost vom Trainer: Nach der 1:2 Niederlage gegen Bayern München im Champions League Finale von London 2013 musste BVB-Coach Jürgen Klopp Verteidiger Marcel Schmelzer seelisch aufrichten.

Berühmt-berüchtigt: „Die gelbe Wand", sprich die Südtribüne im Signal Iduna Park, wird von Fans im Vereinstrikot oder mit -schals gebildet. Optisch und akustisch eine Macht.

Danach rutschte der Verein in eine Finanzkrise, die nur mühsam überwunden werden konnte. Mit dem jungen Trainer Jürgen Klopp, der 2008 verpflichtet wurde, schaffte Dortmund den Anschluss an die Spitzengruppe und krönte sich 2011 und 2012 mit dem Meistertitel. 2013 stand man im Finale der Champions League gegen ihren Dauerrivalen Bayern München, das recht unglücklich verloren wurde. In der ewigen Tabelle der Liga stehen die Borussen auf Platz zwei, nur übertroffen von den Münchnern. Dass die Dortmunder am letzten Spieltag der Saison 22/23 den sicher geglaubten Meistertitel noch verbaselten, tut vielen Fans heute noch weh.

SG Wattenscheid 09 – Abstieg auf Raten

1972 und 1973 mischten die Wattenscheider – die Stadt wurde 1975 nach Bochum eingemeindet – die zweigeteilte 2. Bundesliga gewaltig auf. Die Elf um Spielmacher Hannes Bongartz, der wegen seiner dünnen Beine „Spargeltarzan" gerufen wurde, beeindruckte mit einem schnellen, modernen Fußball. Trainer war damals Kalli Feldkamp. 1990 gelang dann unter dem Trainer Bongartz sogar der Aufstieg in die 1. Liga, in der man sich vier Jahre halten konnte. Als sich Mäzen Klaus Steilmann, ein erfolgreicher Textilfabrikant, aus dem Verein zurückzog, ging es bergab mit den Schwarz-Weißen, die heute in der fünften Klasse spielen, der Oberliga Westfalen. Was bleibt, ist die Erinnerung an einige große Spiele und viele Kicker und Trainer, die bei der SG 09 ihr fußballerisches Rüstzeug erhielten.

VfL Bochum – die „Unabsteigbaren" zieht es wieder nach oben

Der Verein für Leibesübungen (VfL) Bochum hat es nicht leicht. Eingeklemmt zwischen den großen Nachbarn Schalke 04 und Borussia Dortmund haben sich die Bochumer ein treues Publikum erobert, das zu ihnen hält. Dass der Verein den Ehrentitel „die Unabsteigbaren" trägt, liegt wohl an der Selbstironie der Fans, denn die Auf- und Abstiege in die 1. Liga lassen sich kaum noch nachhalten. Der VfL ist die klassische „Fahrstuhlmannschaft", die inzwischen auf 35 Jahre im Fußball-Oberhaus zurückblicken kann und es dabei mehrmals in den Europapokal-Wettbewerb schaffte.

Stefan Kuntz (l.), hier im Spiel gegen Fortuna Düsseldorf im Mai 1986, gehört zu den prominentesten Ex-VfL-Kickern.

Rot-Weiß Oberhausen – Malocherclub aus der Wiege des Ruhrgebiets

„RWO", so nennt man die Rot-Weißen hier, hat viel mit dem FC St. Pauli oder München 1860 gemeinsam: Ein Underdog mit scheinbar übermächtiger Konkurrenz in der eigenen Stadt oder, wie bei RWO, im direkten Umfeld des Reviers. Dafür aber ein begeistertes Publikum, das dem Verein auch in Krisenzeiten die Treue hält. Dazu passt ein liebevoll gepflegtes Malocher-Image. Schließlich wurde hier 1758 mit St. Antony die erste Eisenhütte des Ruhrpotts angeblasen, weshalb sich die Stadt stolz „Wiege des Ruhrgebiets" nennt. In Oberhausen liebt man den Verein, der irgendwie anders ist als alle anderen. Dafür sorgt schon Präsident Hajo Sommers, im Hauptberuf Chef des Kleinkunst- und Kabarett-Theaters „Ebertbad", einer umgebauten Badeanstalt aus dem Ende des 19. Jahrhunderts.

Oberhausener Höhenflug: Vier Jahre hielt sich RWO in der 1. Bundesliga, hier im Spiel gegen den VfL Bochum im Dezember 1972 (1:1). Rechts im Bild Lothar Kobluhn, der im Jahr zuvor als erster Abwehrspieler die begehrte Torjägerkanone gewonnen hatte.

Den sportlichen Höhepunkt erreichte RWO zwischen 1969 und 1972, als man sich vier Jahre in der 1. Bundesliga halten konnte und 1971 mit Lothar Kobluhn sogar den Torschützenkönig stellte. Bis heute der einzige Abwehrspieler, der die Torjägerkanone errang. Danach bewegte sich RWO zwischen 2. und 4. Liga, war in den Bundesligaskandal verwickelt und fast wieder ins Oberhaus aufgerückt, um danach abzustürzen. Und immer wieder Finanzprobleme. Nur eines kennt man im Niederrhein-Stadion nicht: Langeweile.

MSV Duisburg – Zebrastreifen Weiß und Blau. Im ersten Ligajahr gleich Vizemeister

Zwei Erklärungen zu Beginn: Das Zebra wurde nicht wegen der Unpaarhufer im nahen, wunderschönen Zoo am Kaiserberg zum Wappentier des MSV erkoren, sondern wegen der gestreiften weiß-blauen Trikots. Und MSV steht für Meidericher Spielverein.

Mit WM-Held Helmut Rahn als Sturmtank wurde der MSV Duisburg im Gründungsjahr der Bundesliga 1963/64 auf Anhieb Vizemeister. Hier schiebt der „Boss" zum 3:0 gegen den Karlsruher SC ein. Der MSV gewann schließlich 4:1 im Karlsruher Wildparkstadion.

Unter diesem Namen wurde der Club 1902 gegründet. Der größte Erfolg des MSV liegt lange zurück. 1963/64, dem Gründungsjahr der Bundesliga, wurde man auf Anhieb Vizemeister. Nur der 1. FC Köln war damals besser. Trainer Rudi Gutendorf, auch Riegel-Rudi genannt, hatte eine Defensiv-Taktik entwickelt, an der sich fast alle anderen Teams die Zähne ausbissen. Im Sturm ackerte „Boss Rahn", der zehn Jahre zuvor Deutschland zum WM-Sieg geschossen hatte. 28 Spielzeiten verbrachten die Zebras in der 1. Bundesliga, liegen immer noch auf Platz 15 der ewigen Tabelle. Mehrfach standen sie im DFB-Pokalfinale und nahmen an Europapokal-Wettbewerben teil. Leider gehören auch sie heute zu den Fahrstuhlmannschaften, die zwischen 2. und 4. Liga pendeln, sind immer mal nah dran – um es doch nicht zu schaffen. Nicht verschwiegen werden dürfen die ständig auftretenden Finanzprobleme. Der MSV – eine Drama-Queen schlechthin.

Rot-Weiss Essen – Erster Deutscher Meister aus dem Ruhrgebiet nach dem Zweiten Weltkrieg

Das Wunder von Bern, sprich der 3:2 Sieg Deutschlands über die hoch favorisierten Ungarn bei der WM 1954, war Balsam auf die Seelen einer Bevölkerung, die nach dem verlorenen Weltkrieg viele Entbehrungen hinnehmen musste und nach Erfolgen hungerte. „Wir sind wieder wer" hieß es dann auch im Ruhrgebiet, als ein Jahr später mit Rot-Weiss Essen, kurz RWE genannt, erstmalig nach der Schalker-Ära in den 1930er-Jahren wieder ein Revierverein Deutscher Meister wurde. Mit 4:3 hatten die Essener den mit zahlreichen Weltmeistern besetzten 1.FC Kaiserslautern geschlagen. Allerdings hatten auch die Essener einen

WM-Helden in ihren Reihen: Helmut Rahn.

In die 1. Bundesliga schafften es die Essener 1966, also drei Jahre nach deren Gründung. Das Gastspiel dauerte allerdings nur eine Saison. Von 1973 an konnte man sich sogar vier Spielzeiten lang in der Beletage des deutschen Fußballs behaupten. Danach setzte auch bei RWE der Pendelverkehr zwischen 2. Liga und Amateurklasse ein, inklusive diverser Finanzprobleme.

Fest steht: Rot-Weiss Essen spielte eine wichtige Rolle im Fußball und brachte neben Otto Rehhagel, Horst Hrubesch, Mesut Özil, Willi Lippens auch viele andere Akteure heraus, die als Spieler und auch als Trainer eindrucksvolle Karrieren machten. Eine Frage ist allerdings ungeklärt. Warum der Verein „Rot-Weiss" und nicht, wie es korrekt wäre, „Rot-Weiß Essen" heißt. Den zahlreichen Fans, die Jahr für Jahr auf den Aufstieg hoffen, ist es vermutlich egal.

Gratulation vom Weltmeister: Fritz Walter (l.), Kapitän der Deutschen WM-Elf von 1954, gratuliert dem Essener Kapitän August Gottschalk zur Deutschen Meisterschaft 1955. Zuvor hatte Rot-Weiss Essen die scheinbar übermächtigen Lauterer beim Endspiel in Hannover mit 4:3 geschlagen.

Bildnachweis / Impressum

Bildnachweis

Titelabbildungen:
Herbert Knebel (dpa Revierfoto), Taube (dpa M. Woike), Jürgen von Manger (dpa Siegfried Pilz), Wetterlampe (wikimedia, Arnoldius)

Innenabbildungen:
dpa Picture Alliance GmbH, Frankfurt am Main:
S. 31 (Engeljehriger Shotshop), S. 33 (Jochen Tack), S. 37, 158, S. 40 (United Archives/Siegfried Pilz), S. 43 (DDR Bildarchiv), S. 47, 143 (Marcel Kusch), S. 49 (Kirsten Neumann), S. 52 (Weigelstein Shotshop), S. 56 (Rainer Hackenberg), S. 65 (Courtesy Everett Collection), S. 67 (Bussenius& Reinicke), S. 70, 95, 125 (akgimages), S. 72 (Max Schweigmann), S. 78, 93 (United Archives/Erich Andres), S. 79 (imageBROKER/Gerken&Ernst), S. 81 (Baumann), S. 84 (Czepluch), S. 87 (Revierfoto), S. 96 (Achim Kubiak), S. 103 (ullstein Bild), S.123 (Stephan Persch), S. 126 (Rolf Vennebernd), S.148 (Harro Schweizer), S. 149, 154 (Sven Simon), S. 150/151 (Laci Perenyi), S. 152 (firo Sportphoto), S. 153 (Christopher Neundorf), S. 155 (Wilhelm Leuschner), S.157 (A0009)
bpk-Bildagentur, Berlin: S.142 (Fotoarchiv Ruhr Museum / Erich Rühl)
Wikimedia Commons: S. 101
Bildarchiv Stadt Herne: S. 144

Bibliografische Information der Deutschen
Nationalbibliothek Die Deutsche Nationalbibliothek verzeichnet diese Publikation in der Deutschen Nationalbibliografie; detaillierte bibliografische Daten sind im Internet über http://dnb.d-nb.de abrufbar.

ISBN 978-3-8319-0779-3
© Ellert & Richter Verlag GmbH, Hamburg 2020
2. Auflage 2025

Borselstr. 16c, 22765 Hamburg
info@ellert-richter.de

Text- und Bildlegenden:
Rolf Kiesendahl, Oberhausen
Gestaltung: BrücknerAping, Büro für Gestaltung, Bremen
Gesamtherstellung: CPI books GmbH, Leck

www.ellert-richter.de
www.facebook.com/EllertRichter-Verlag
www.instagram.com/ellert_richter_verlag